奥田援史・炭谷将史 ［著］

遊びの復権

子どもが育つ環境づくり

あうみ学術出版会

はじめに

　テクノロジーの驚異的な発展とともに社会・経済のありようが大きく変化しつつある中で，21世紀のこの時代を生きる日本の子どもたちは今どのような状況に置かれているのでしょうか。また彼らの生き方にはどんな特徴があるのでしょうか。

　子どもたちの周りには，今は生まれた時から携帯電話やインターネットがあり，東京ディズニーランド（千葉県浦安市）やUSJ（ユニバーサル・スタジオ・ジャパン，大阪市）といった世界的に著名なテーマパーク（大規模複合遊戯施設）もあります。人と人のコミュニケーションはさまざまな情報機器を通して行われ，瞬時に世界中の友人知人と意思疎通することができます。インターネットを介して見知らぬ人とゲームを楽しむことも可能です。

　ところでこのように社会全体の情報環境が急激に変化する中，時代の波に遅れ始めている大人たちも少なくありません。にもかかわらずそうした大人たちは，昔ながらの自然と触れ合うことの大切さや，人と人とが直接触れ合うコミュニケーションの大切さ，いろいろな物を使ったり造ったりして遊ぶことの大切さを声高に主張したりします。はたして大人の言うそうした体験は子どもの成長にとって本当に必要なことなのかどうか，しっかり確認してみる必要があるように思われます。

　いま生活環境が目まぐるしく変化し続けています。そういう中でも子どもの成長にとっていつの時代にも必要とされるものがあるのも確かなようです。同時に，将来の生活を見すえ，時代の変化に対応していくべきものもあります。この2つの視点は「不易」と「流行」と表現してもよいかもしれません。「不易」とはいつの時代にも変わらないこと，「流行」とは時代に即して変化することを意味します。子ど

もの育つ環境にも，「不易」と「流行」の両側面があるのではないでしょうか。そこで，本書では，最初に流行の側面から，すなわち時代の変化という観点から子どもを巡るさまざまな現代的話題をとりあげます。そして，「流行」の側面を理解することで今度は，子どもにとって時代的変化を超越して必要とされるものとは何かについて考えます。「流行」を問うことで，「不易」の本質もより鮮明に浮かび上がってくるはずです。本書では，社会環境や自然環境が大きく変容する中で遊びがもっている意味を問い直すことを通して，学びとは何か，子どもの成長にとって何が大切なのかを，さまざまな具体的事例を紹介しつつ一緒に考えてみたいと思います。

奥田援史

目次

はじめに（奥田援史）———————— iii

第1章　子どもを巡る現代的問題　　　　（奥田援史）

1 待機児童問題 ———————————— 2

2 子育て支援 ———————————— 10

3 早期教育 ———————————— 20

4 不器用な子ども ———————————— 29

5 自己抑制ができない子ども ———————— 37

第2章　遊びの「3つの間」の変化　　　　（奥田援史）

1 遊びをめぐるエピソード ———————— 44

2 園庭で「ゲーム・オーバー」———————— 46

3 原体験 ———————————— 48

4 遊びと3つの間 ———————————— 50

第3章　子どもの遊びと環境　　　　（炭谷将史）

1 消えた遊び環境 ———————————— 62

2 遊び環境のデザイン ———————————— 65

3 能動的な遊びの意義 ———————————— 68

4 からだを動かす遊びと学習 ———————— 70

第4章　子どもを魅了する幼稚園・保育所　　　　（炭谷将史）

1 川和保育園 ──────────────── 78

2 水口幼稚園：大型木製遊具「冒険の森」──── 89

3 森のようちえん：山の遊び舎はらぺこ ──── 100

4 幼稚園での運動遊びサポート ──────── 106

第5章　子どもを魅了する遊び場・活動　　　　（炭谷将史）

1 養老天命反転地 ───────────── 118

2 モエレ沼公園 ───────────── 130

3 八日市冒険遊び場 ──────────── 137

4 ちびパーク ───────────── 143

5 妹背の里冒険遊び場 ─────────── 149

第6章　子どもを魅了する遊び　　　　（炭谷将史）

1 カロム ─────────────── 158

2 妖怪遊び：NPO法人芹川（子育て支援部門）による
　　　放課後児童クラブの遊び ──────── 167

3 FunKids（運動遊び児童クラブ）─────── 175

第7章　子どもの遊びと学び　　　　　　　　　　（奥田援史）

1 遊びの中の経験 ——————————————— 184

2 教育・保育の効果 ——————————————— 186

3 子どもの非認知能力を育てる ————————— 187

4 夢中になって遊ぶこと ———————————— 190

5 自発的な遊び ————————————————— 193

6 応答的環境 —————————————————— 197

7 遊びとアクティブ・ラーニング ——————— 199

おわりに（炭谷将史）————————————————— 202

引用・参考文献一覧 ———————————————————— 204

索引 ——————————————————————————— 207

第1章　子どもを巡る現代的問題

1 待機児童問題

1) 待機児童とは

　　「なんなんだよ日本。一億総活躍社会じゃねーのかよ。昨日見事に保育園落ちたわ。どうすんだよ私活躍できねーじゃねーか。　（中略）

　　不倫してもいいし賄賂受け取るのもどうでもいいから保育園増せよ。オリンピックで何百億円無駄に使ってんだよ。エンブレムとかどうでもいいから保育園作れよ。有名なデザイナーに払う金あるなら保育園作れよ。どうすんだよ会社やめなくちゃならねーだろ。ふざけんな日本」

　2016（平成 28）年，「保育園落ちた日本死ね !!!」というタイトルで，この書き込みがソーシャルネットワーク上にアップされ，話題を呼びました。言葉使いは荒いですが，保育所をつくってほしいという切実な思いが表現されています。いわゆる待機児童問題の解消を期待したものです。この書き込みはある一人の母親が投稿したものですが，誰が投稿したかはわかりません。しかし，多くの母親がこの書き込みに共感したことで，全国的な議論につながり，子育て支援を充実させるきっかけとなりました。

　では，保育所に入れない子どもを含め，子育てはどのような状況にあるのでしょうか。

　待機児童というのは，保育所に通う条件（親が仕事や病気で子どもを養護することができない，等）を満たしていても，入所できない 6 歳未満の子どもを言います。待機児童が生じる理由は，保育所の定員よりも入所希望者が多いという単純なものです。待機児童の数は都市部で多く地方では少ないという特徴や，交通の便

が良い地域や人口が増えている地域に多いという特徴があります。日本全体でみると，図1-1のように，2万6000人以上の子どもが保育所に入所できない状態（待機児童）にあるほか，保育所へ子どもを預ける人の割合（利用率）は年々増えています。しかし，実際には，保育の量（預かることができる子どもの人数）は毎年拡大していますので，待機児童の数が減少しても良いのですが，それを上回る利用者がいるため待機児童数は減少していません。

この待機児童問題は，保育所を増やせば解消されるはずですが，そんな簡単なことではないようです。この辺りも含めて説明していきたいと思います。

2）幼稚園，保育所，認定こども園

待機児童問題を考えるためには，就学前教育の仕組み，つまり幼稚園と保育所の制度について理解しておく必要があります。

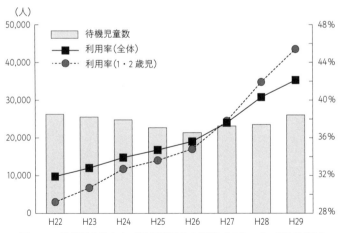

図1-1　待機児童数および保育利用率の推移（平成29年，厚生労働省）

「幼稚園」は3歳から6歳までの子どもが通う教育施設（学校）で，1日4時間の保育時間が標準です。午前9時頃に登園し，午後1時頃に自宅へ戻り，その後は保護者や祖父母と家庭などで一緒に過ごす子どもが対象です。一方，「保育所」は，1歳未満の乳児から6歳までの，保育を必要とする子どもが養護される福祉施設です。保育を必要とするというのは，親が働いていたり病気だったりして，子どもの世話ができない状況を言います。一般的に，保育所を保育園と呼ぶのは通称で，正式には保育所と言いますが，地域によっては保育園という名称を使っている場合もあります。本書では「保育所」と記述します。表1-1は幼稚園と保育所の制度や内容を列挙したもので，いくつかの相違点があります。

幼稚園と保育所に加え，2006（平成18）年から「認定こども園」という新たな施設ができました。認定こども園とは，幼稚園と保育所の両機能を有する総合施設のことをいいます。認定こども園

表1-1　幼稚園と保育所の制度等のについて

	幼稚園	保育所
行政所管	文部科学省	厚生労働省
根拠法令	学校教育法	児童福祉法
教育・保育内容	幼稚園教育要領	保育所保育指針
対象	3歳から6歳	1歳未満から6歳
保育時間	4時間を標準，年39週以上	8時間を原則，約300日
教員・保育士の資格	幼稚園教諭普通免許状	保育士資格証明書
職員配置	1学級（子ども35人以下）あたり1人	0歳児の子ども3人に1人 1,2歳児の子ども6人に1人 3歳児の子ども20人に1人 4,5歳児の子ども30人に1人
保育料	一律負担	応能負担
施設基準	保育室，遊戯室，運動場，等	保育室，遊戯室，屋外遊戯室，乳児室（ほふく室），調理室，等

は，幼稚園と保育所を統合したらどうかという「幼保一元化」の流れのなかで創設されたものです。認定こども園が創設された頃には，既に少子化は大きな社会問題の1つでした。少子化ということは生まれる子どもの数が減少する状況ですので，新たな施設をつくる必要はないはずです。しかし，女性の社会進出の増加にともない共働きの家庭が増えたことで，とくに1，2歳の子どもを預けたい需要が高まり，保育所に通わせたい子どもの数がじわりじわり増えていました。いわゆる待機児童の問題が表面化しつつあった頃で，この保育需要に応えるために，認定こども園が創設されることとなったと考えられます。

　一方，少子化が深刻な地方では，幼稚園であれ保育所であれ，子どもの数が相当程度減っていて，幼稚園か保育所のうち，どちらか1つあれば良いという事態になっていました。しかし実際には，これまでとおりに幼稚園に通いたい子どももいれば，保育所に通う共働き家庭の子どももいます。そこで両者を1つの施設に統合することで，幼稚園と保育所の両機能を備えた園へと変化してきたわけです。こうした園のなかには幼児園やこども園，こどもセンターといった名称で，認定こども園の制度が始まる前からスタートしていたところもあります。

　こうした背景のもと，2006年に認定こども園の制度が創設されることとなりましたが，急速には普及しませんでした。創設当初は，どうやって一体化するかについて，明確なイメージが描けなかったことが大きかったと思います。それに加えて，事務的に煩雑きわまりないことも影響したようです。また，幼稚園と保育所の両機能を備えた総合施設である認定こども園で働く保育者には，幼稚園教員免許と保育士資格の2つの資格が必要でした。このことで，保育者も限定されたため，認定こども園が普及しな

かったとも考えられます。

3）今後の待機児童問題

　待機児童問題が生じる背景を見てみると，2つの特徴があります。1つは，人口が多い地域や人口増加地域に待機児童が多くいるという地域的特徴があります。とくに駅近くの交通の便の良い地域やマンションや住宅が造設される地域が該当します。もう1つは，待機児童はとくに1歳前後から2歳頃の子どもに多いという年齢的特徴があります。こちらは，主に母親の育児休暇が終わる頃と時期が重なりますので，母親の仕事復帰と関連する現象です。一般的には，待機児童の数は4月から少しずつ増えていきます。それは，4月以降に育児休暇が終わり，子どもを預けたい人がその後申込みをするためです。保育所は4月入園ですので，4月に入園できないとなると，待機児童になる可能性が高くなります。

　待機児童問題の解決方法は，保育の量（保育受け入れ可能な子どもの定員）を増やすことが何よりも重要となります。人口増加地域や交通の便の良い地域に，保育を担える施設を造っていくことで待機児童問題は解消に向かうはずです。とくに，保育の量を迅速に増やすためには，幼稚園を認定こども園に変えていくことが有効な対策です。少子化と保育所入所希望の子どもの増加という背景のため，幼稚園に入園する子どもは減少しています。そうなると，少々極端に言えば，幼稚園は子どもの数が少ない状況にあるのに，新しい保育所を建てて，待機児童を解消しなければならないということになります。これは誰が考えても理に合わないことで，それなら，幼稚園に保育所の役割を担ってもらえば良いということになります。幼稚園に，3歳未満の子どもも通えるようにして，保育時間を延長できれば済む話となるわけです。そう

した考えのもとに誕生したのが，認定こども園です。幼稚園や保育所を認定こども園に改編し，受け入れ可能な子どもの定数を増やすことで，待機児童問題を解消することが可能になります。

　今後は，保育所や認定こども園の数が増えていくことが予想されます。しかしながら，保育所や認定こども園を造ることができ，保育の受け皿（保育所に通える子どもの数）を増やすことができたとしても，別の課題もあります。それは保育士不足です。保育士の人数は，子どもの人数に応じて決まります。子どもが多ければ，保育士も多く必要ということです。その上，子どもが幼ければそれだけ，保育士が多くなる仕組みになっています。幼い子どもほど多くの支援が必要ですから，これは当然の仕組みです。具体的には，子どもの年齢を0歳，1〜2歳，3歳，4〜5歳の4区分に分け，0歳区分では子ども3人に保育士1名，1〜2歳区分では子ども6人に保育士1名，3歳区分では子ども20人に保育士1名，4〜5歳区分では子ども30人に保育士1名を確保しなければいけないという最低基準が決められています。最低基準というのは，これよりも条件が悪くなってはいけないという規定です。3歳の子ども20人ならば，保育士1名は必ず必要で，保育士2名でも3名でも良いということです。待機児童の数は，0歳から2歳までが多いと述べましたが，これを解消するには，より多くの保育士が必要となることになりますが，保育士の数は絶対的に不足しています。よって，待機児童問題を解決するためには，必要な基準を満たす人数の保育士をなんとしても確保しなければなりません。

　さらに，保育の受け皿を増やすために，新しく保育所を建設しようとすると，その土地を確保できないという問題も起こっています。それは，地域住民が保育所建設に反対するケースがあるか

らです。保育所建設の反対理由は，送迎の際の駐車問題や子ども
の声がうるさいという騒音問題が主なものです。子どもの声や遊
びの音が騒音とみなされる時代と言えるのかもしれません。そこ
で，各自治体は，そうした問題が起こりにくいように，公園の中
に保育所や認定こども園を建設することで，待機児童の解消を図
ろうとしますが，残念なことに，この場合でも建設に反対される
ことがあります。

　こうした状況を目の当たりにするとき，私たちは，子どもたち
を今なぜ大切にしなければいけないのか，なぜ子どもを育てるこ
とを社会的課題として取り組まなければならないのかという根源
的な問いを実は突き付けられていることに気づかされます。

4) 待機児童問題と子どもの遊び

　今，「保活」という言葉があります。就活（就職活動），婚活
（結婚の相手探し）とともに，保活は保育所に入所するための活動
のことです。どの保育所が入りやすいのか，どんな条件なら入り
やすいのかの情報を得て，保育所への入所手続きをすることです。
保育所に入園するためには，保育を必要とする条件のポイントを
増やさなければなりません。両親共働き，祖父母と同居していな
い，ベビーシッターを利用しているという理由を揃えて，他の人
たちよりも保育を必要とする度合いが高いことをアピールしない
といけないのです。その結果，保育の必要度が高いことが認めら
れると入園できることになります。一般的には4月入園の時期に
合わせて，保活をすることになりますので，子どもの成長を少し
無視した形で，少し早い目に預けることとなってしまうこともあ
ります。そうした状況は親も本意ではないでしょうが，経済的理
由があると，保育所に入れるかどうかのほうが優先さされてしま

第1章　子どもを巡る現代的問題

います。子どもの成長段階からすると少し無理をする形で早めに入園させることが，子どもの生活にどう影響することになるか心配されるところです。

　保育所にまだ幼い時期から通い，保育所で生活するということが，子どもの成長にどのような影響があるのかについてはあまり明白にはわかっていません。しかし，幼稚園や保育所で長い時間過ごすこと，つまり長時間保育の影響はみられると指摘されることが多いようです。そのうちの1つは，保育所に長時間預けて働く母親の場合，子どもの声や態度に対する感受性が低下するのはないかと指摘されています。感受性とは，子どもの泣き声の違いを聞いて，お腹が空いたのかオムツを替えてほしいのかを敏感に感じる力のことを言います。母親の感受性が高いことは，快の感情を促進させ，不快をいち早く遠ざけてくれますので，子どもにとっては快適な生活へとつながると思われます。この感受性の問題を母親だけに求めるのは今の時代に合わないかもしれませんが，生物学的な性差がこの感受性に関係していることは否定できないのではないかとか思います。ただ，父親にももっと育児に関わってもらって，子どもへの感受性を高めることが期待されていることは間違いありません。

　さて，子どもの遊びの面をみると，保育所の生活が子どもの生活の多くを占めるようになると，子どもの遊びも保育所中心になります。友だちと一緒に，保育者と一緒に遊ぶことは基本的には良いことですが，1人で，自分の好きな遊びを，時間を気にせず，じっくり遊び込むことが減るかもしれません。また，保育所が生活の中心となりますので，地域の子どもたちと，近隣の公園などで遊ぶ機会が減ることとなってしまいがちです。こうした遊びの変化が，子どもの成長に影響しますので，この点については後の

章でみていきたいと思います。また，保育所で長時間過ごすことが子どもの発達にどのような影響をおよぼすのか，そのことへの心配や懸念から，今，保育施設や環境のあり方をめぐって見直しが進みつつありますので，それらについても後で紹介していきたいと思います。

2 子育て支援

1) 子育ての悩みの深刻化

2015（平成27）年4月から，子ども・子育て支援新制度がスタートしました。この新しい制度では，「教育・保育の量的拡大・質的向上」と「子育てサービスの充実」が大きな柱です。多くの子どもが保育所に入れること，子どもの健全な成長を保障していくための保育の質を向上させること，妊婦検診，子育て相談，一人親家庭への支援，学童保育などの子育てサービス全般を充実させることを具体的な取組みとしています。この制度が始まることで，これまで以上の手厚い子育て支援が実施されるはずですが，子育てにともなう不安や心配は減らないようです。

ベネッセ教育総合研究所（2015）の調査によると，「子どもが将来うまく育っていくかどうか心配になること」「子どもがわずらわしくていらいらしてしまうこと」「子どもに八つ当たりしたくなること」「子どものことでどうしたらよいかわからなくなること」という4項目の質問に対して，幼い子どもを持つ母親の約半分が「よくある」あるいは「ある」と回答しています。多くの母親が，子どもをどのように育てるのか，どのようにしつけたらよいのか，悩んでいます。最初の子どもが1歳なら親歴も1年，

第 1 章　子どもを巡る現代的問題

子どもが 2 歳なら親歴も 2 年というように，親にしても子どもの年齢と同じ分だけの経験しかありません。新米の親なのですから，子どもの成長は期待とともに不安でいっぱいです。近年の傾向として，こうした子育てに関する不安が以前よりも大きくなっているようです。理由として，社会的孤立，経済的困窮，少子化などの要因があり，またそれらが複雑にからみ合って，子育てに対する不安を大きくしていることが考えられます。

　2014 年にある事件が起きて，しつけや子育ての仕方をめぐって議論になったことがあります。3 歳の長男に犬用の首輪をつけて拘束したとして父親が，さらにその後母親も逮捕されたという事件です。長男に布製の犬の首輪を付けたうえで，長さ約 1.2 mの革製のひもをベランダの窓の鍵の部分につないで体の自由を奪い監禁した容疑です。父親は「食べ物などで家の中を散らかさないよう首輪を付けていた」と供述し，容疑を認めました。この事例では，執行猶予付きで有罪判決が下されています。

　子どもを監禁したりすると犯罪になりますが，図 1-2 のようにリュックサックの肩ひものところに紐をつけるものがあり，実際に利用されています。このような紐のことを子ども用ハーネスと呼び，愛くるしい人形や動物を背負うリュックサック型のものもあります。子ども用ハーネスを取り付けるのは，子どもが突然走りだしたりしても危険な目に合わないよう予防することが理由のようです。何よりも子どもの安全を確保するためのものです。子ども用ハーネスは，ヨーロッパでは古くから使われていたようで，「迷子ひも」や「幼児リード」と呼ばれることもあります。

　今は新幹線で赤ん坊が泣くのをうるさいと注意する大人もいれば，保育所の子どもの声を騒音と捉える人もいる時代ですから，子どもが急に走り出したために，そのせいで高齢者が転倒したと

図1-2　子ども用ハーネス（Rakuten市場より転載）

して訴えられることがあってもおかしくありません。子どもが怪我を負うこともあれば負わせることもあるわけです。親としてそのような危険をなるべく少なくしたいという気持ちが働くのもわかります。また，子どもの特性に応じて，例えば子どもが「多動」だった場合，子ども用ハーネスが必要だという意見もあるかもしれません。いずれにしても，子ども用ハーネスの議論は，子育てに関する不安が大きくなっていることを感じさせる現象です。他人の子育てやしつけの仕方に疑問を感じたとしても，それを指摘することができないのが最近の状況ですが，子ども用ハーネスの問題は，それが本当に必要なのかどうかを含めて，子育てやしつけはいかにあるべきかを見直す機会を与えてくれるのではないかと思います。

　少し前の話しになりますが，私がドイツに留学していた約20年前のことです。「赤ちゃんポスト」という言葉を知った時の衝

第1章　子どもを巡る現代的問題

撃は忘れられません。日本人なら，ポストと言えば赤色のポスト
を連想するのではないでしょうか。街中の赤色ポストの投函口が
少し大きめに造られていて，そこに赤ちゃんを入れるものと想像
したからです。

　本来の「赤ちゃんポスト」というのは，赤ちゃん殺しや妊娠中
絶から命を守るために設置されたものです。捨て子として放置す
ると病気になったり野良犬の餌食になったりする危険があること
から，命を守るために安全な場所に安全な状態で赤ちゃんを置
いておけるよう，そのためのスペースを準備したものを言います。
ヨーロッパでは中世の頃からあったと言われる制度で，1990年代
にドイツ等で再開したようです。日本でも，2000年代に熊本市で
「こうのとりのゆりかご」と称する，いわゆる「赤ちゃんポスト」
が始まりました（図1-3）。この時，この「赤ちゃんポスト」の設
置を巡って大きな議論になりましたので，覚えている方も多いは
ずです。肯定派は，命を守れという立場です。否定派は，子育て
を放棄するのか，子どもを安易に産んで捨てる風潮を助長するの
か，といった意見であったと記憶しています。その議論が起こっ
ていた頃，私は「赤ちゃんポスト」の設置に全面的に賛成でした。
ドイツで見聞したことに加えて，赤ちゃんポストを巡っての議論
を通して見えてきたことがあったからです。それは，赤ちゃんポ
ストに子どもを置いていかねばならないほど，追い込まれている
親が相当数いるということでした。とくに，若年の母親が1人で
子どもを産んで1人で育てていけるほど，子育ては簡単なもので
はありませんので，それを支援してくれるシステムが整っていな
い方が問題だと思いました。今でも，シングルマザーの多くは貧
困に苦しみ，子育てをしていくことは容易ではありません。

　子どもの育ち方に不安を感じている親は少なくなく，また実際

13

図1-3 赤ちゃんポスト 熊本・慈恵病院の「こうのとりのゆりかご」
(毎日新聞社提供)

に育ち具合を心配しなければならない子どもが増えていることも確かです。一方で，高齢者が増え，社会全体が大人中心に動いているのも事実です。そうした状況にあるわけですから，子ども用ハーネスや赤ちゃんポストを頭ごなしに否定するわけにもいかないのではないかと思います。それだけ，子どもを育てるということが難しくなっていることを，こうした事実から確認できるのではないでしょうか。

2) 子どもの貧困

　子どもの7人に1人が貧困状態にあると報告されています（厚生労働省，平成28年国民生活基礎調査の概況）。これは「相対的貧困」（世帯収入が全国平均の半分以下の状態）に属する家庭の子どもの割合が7人に1人いるということを意味しています。

第1章　子どもを巡る現代的問題

　子どもの貧困は，貧困というだけで困難をともなうことが考えられますが，貧困であるが故に喪失するものも少なくありません。例えば，貧困な家庭では，食や睡眠などの生活リズムが不規則であったり，衛生状態が劣悪であったり，遊び場が危険だったりするということもあるかもしれません。また，本やノートを最低限しか購入できなかったり，習いごとや塾に通えなかったりということもあるかもしれません。いずれもそれぞれの家庭の事情によりますが，それらが複合的にからみ合うこともありうるでしょう。その結果，子どもが子ども本来の力を十分に発揮できず，学習面や運動面，友だち付き合いの上でも好ましからぬ影響が生じることがあります。例えば，貧困による学力への影響については，図1-4のような結果がみられます。世帯収入が少なくなればなるほど学力も低下していることが一目でわかります。

　そうした貧困の影響を受けた子どもは，低学力・低学歴となりやすく，就職が困難だったり，低収入に甘んじたりしなければならないこともあります。離職を繰り返すことで，経済的貧困に陥る可能性も高まります。貧困の世代間連鎖が生まれ，貧困による子どもの生育にもたらす悪影響が次の世代にもつながっていくことになります。こうした連鎖を断ち切るためには，貧困対策と同時に，子どもの生活や教育のあり方を見直すことが必要であることは言うまでもありません。

3）小1の壁

　「小1の壁」とは，子どもの小学校入学時に，母親が家庭外での仕事を継続することが難しくなるという社会的問題のことです。小学校に入ると子どもは授業が終わった後，自宅へ帰るか，学童保育（または放課後児童クラブ）に行くかになります。保育所に

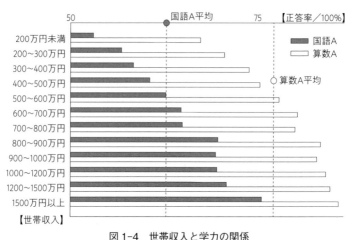

図1-4 世帯収入と学力の関係
(国立大学法人お茶の水女子大学『平成25年度全国学力・学習状況 調査』より)

通っていた子どもの場合,多くは学童保育に行くことになります。学童保育は17時から18時頃に終わりますので,その後子どもは自宅に帰らねばなりません。学童保育の利用時間において,午後6時半以降も開所している施設は平日51.8％,夏休みや冬休みなどの長期休暇期間51.1％となっています（厚生労働省,2016年）。学童保育の約半分は,午後6時以降は利用できないわけで,それでは十分対応できないケースが生じます。保育所の開所時間よりも,一般的に学童保育の方が短くなっているのが現状です。そのため,親が小学1年生の子どもを迎えに行くことができない場合,子どもは1人で帰宅して,親が帰るまで留守番をすることになります。そうすると,安全面も含めて子どものことが心配ですので,母親は仕事をやめることを選択せざるを得ないことにもなります。せっかく,小学校入学までは保育所等に子どもを預けること

第1章　子どもを巡る現代的問題

で，何とか仕事を継続できてきたにもかかわらず，小学校入学と同時に，仕事を継続することが難しくなるわけです。この課題のことを「小1の壁」と言います。また，小学校では，運動会，遠足，授業参観，入学式や卒業式などの行事，夏休みや冬休みの休暇，運動会などの振替休日がありますが，それらの日程は親の仕事のスケジュールを考慮して決められているわけではありません。当然，すべての児童の家庭スケジュールを合わせることができませんので，家庭からすると，とても困ることになります。学童保育としては，それらの学校行事の日も含めて，全員の子どもを希望の時間まで預かることはできませんから，そうなると，母親が仕事を辞めざるをえないことにもつながっていきます。

　学童保育においても，約1万7千人以上の待機児童が発生していると報告されています。小学校までは保育所に入所できたとしても，小学校入学後に学童保育に通えないとすれば，母親は仕事を辞めなければなりません。学童保育の待機児童問題も深刻な状況です。さらに，小1の壁をつくってしまう原因は，勉強をする時間をどうやって確保するかという問題にもあります。幼稚園や保育所と違って，小学校では勉強も大切な課題ですのでそのために多くの児童が学習塾に通っています。学童保育でも宿題をしたりしますが，さらに力を注ぐとなれば，学童保育には行かずに，学習塾に行くことになります。地域ごとに事情は異なりますが，学童保育と学習塾に掛け持ちして通うことは難しいようです。一般に，放課後に何をしているかというと，幼稚園に通った子どもは家庭で過ごすか学習塾に通うケースが多いのですが，保育所に通った子どもは学童保育に行くのが普通です。すると，保育所に通う子どもの親が，自分の子どもも学習塾に行かせたいと思うのは親として無理からぬことですが，学習塾は親のスケジュールに

17

柔軟に対応してはくれませんので，親は仕事を諦めなければならなくなります。ここにも「小1の壁」が起こることにつながります。

　最近は学童保育で学習塾のように勉強を教えるところも出てきています。親のニーズに合わせた対応ですが，学童保育の本来の目的とは少し異なったものとなります。こうした新しいスタイルの学童保育は家庭的雰囲気を大切にする従来型の学童保育ではありませんので，新しい仕組みづくりが必要となってきます。このように子どもや家庭の事情は多様化して来ており，それに応えられる子育て支援の仕組みを整備することが今喫緊の課題となっています。

4）子育て支援と子どもの遊び

　子育て支援には，妊婦健康診査事業，乳幼児家庭全戸訪問事業，病児保育事業，学童保育や放課後児童健全育成事業など多様な方策がありますが，いずれも子どもや親の健全な生活を支援しようという目的で行われるものです。当然，子育てに悩む母親への育児相談や相談の場の提供などの支援も含まれています。

　子育て中の親に，どのような支援があれば良いかと質問すると，「安全な遊び場がほしい」「子どもが思いっきり楽しめる遊びがほしい」「子どもだけでも安心して遊べるところがほしい」といった答えが意外と多く返ってきます。このような要望が多いのは，家の中でテレビゲームばかりしている子どもの様子，イライラしている子どもの言動や，習いごとや勉強に追われる子どもの姿を見るにつけ，子どもらしく遊んでほしいと願う親心が反映しているのだと思います。また，親にもストレスがあり，子どもに当たったりしてしまうこともあるので，ストレスが発散できる遊

第1章　子どもを巡る現代的問題

びをしてほしいという気持ちもあるでしょう。さらに，犯罪や非行，怪我が心配で，子どもの外遊びを制限してしまおうとする親の気持ちが影響していることもあります。

　このような事情もあってか，今，「弁当と怪我は自分持ち」を歌い文句とする「冒険遊び場（プレーパーク）」という遊び場が注目されています。冒険遊び場は，地域住民が運営し，プレリーダーと称する遊び指導者がいて，自分の責任で自由な遊びをすることがきる遊び場を指します。火遊び，川遊び，穴を掘ったりスライダーで滑ったりする遊びなど，自由に遊ぶことができます。ただし，怪我をしてしまってもそれは自己責任となります。この冒険遊びは，廃材置き場でいきいきと遊ぶ子どもの姿に共感した人たちが始めたもので，デンマークが発祥とされ，ヨーロッパに拡がったとされています。日本では，1979（昭和54）年に「羽根木プレーパーク」が東京都世田谷区に常設されたのを機に，全国各地で行われるようになってきています。冒険遊びでは，火，水，土，植物，廃材あるいは可変性のある手づくりの遊具など，子どもの遊び心を刺激する材料を用いたりします。土，水，草木に親しむことができる，のこぎりや金槌を使って製作することができる，高いところから飛び降りたり滑ったりできる，焼き芋を焼いたりご飯を炊いたりもできる等々，子どもがこれから生活に必要とされることをすることが可能です。

　子育てに悩み，不安を抱える親にたいして，多様な子育て支援をすると同時に，冒険遊び場に代表されるような遊び場を造っていくことも，子育て支援につながるものです。なぜなら，そうした遊び場で子どもたちがいきいきと遊んでいる姿を見られるのは，親にとって最良の喜びであるからです。

19

3 早期教育

1) 早期教育の現場から

　幼児全員が逆立ちで歩き，絶対音感を身につけ，すらすらと読書をする。実際に，そうした保育をめざす保育所があると聞き，百聞は一見にしかずということで，見学に行ったことがあります。鹿児島県志布志という地方にある保育所です。横峯さんという園長が教育方法を考案したことから，ここで実施されている教育方法は「ヨコミネ式」と命名されています。実際に見学してみると，確かに逆立ちで歩き，走るのも速いようです。何段もある跳び箱を楽々跳んでいました。楽器も演奏し，漢字を書き，足し算などの計算もできます。私が知っている幼児のイメージとは随分とかけ離れています。その時は先生が厳しく教え込んでいる印象は受けませんでしたが，このヨコミネ式を紹介したDVDを観ると，厳しい指導が垣間見えます。ヨコミネ式を導入している園は全国に300以上あると聞きました。

　もう1つ，これと同じような教育をする保育園を東京で見学したことがあります。こちらはスポーツ活動を重視する園でした。子どもは朝からグラウンドを1時間以上走り（図1-5），体操選手のように跳び箱も宙返りしながら跳んでいました。こちらの園も東京近郊含めるといくつかあると聞きました。どちらの園も子どもの入園希望者が多く，人気がある園として定着しています。

　また，同じような方針の園をシンガポールの日系幼稚園で見たことがあります。日系幼稚園というのは，海外で勤務する親の子どもが通う幼稚園または保育所のことを言います。園に通う子どもはほぼ全員が日本国籍を有する子どもたちです。ちなみに，日

第1章　子どもを巡る現代的問題

図1-5　スポーツ活動を重視する保育園で幼児がランニングしている風景

本人学校というのは日本国籍を有する小学生以上の子どもが通う学校です。近年，アジア地域の日本人学校の児童生徒数が増加し，アメリカ地域のそれよりも多くなっています。この日系幼稚園では，俳句や詩を朗読したり，フラッシュカードや百玉そろばんを使ったりして，文字や数を覚えることが授業として実施されています（図1-6）。フラッシュカードというのは，例えば「森」「池」「馬」などの漢字を書いた紙を何十枚か準備し，それを瞬間的に子どもに提示し，声に出させて読ませていくものです。カメラのフラッシュのようにパッと見せることを繰り返すのでフラッシュカードと呼ばれたのだと思います。また，百玉そろばんとは，1段に10個のそろばんの珠(たま)が10段で100個あるそろばんです。教卓の上に百玉そろばんを置いて，そろばんの珠を使って，「10,

図1-6　早期教育の指導風景（上：フラッシュカード，下：百玉そろばん）

20, 30, 40…」「10の珠を2と8に割って，10は2と8」というように声を出して学習していきます。このような指導が園全体の教育の中でどの程度実施されているかはわかりませんでしたが，日課として実施していると聞きました。こちらの園に多くの幼児が通っていることは確かです。

　フラッシュカードについては，中国で大変人気がある方法だということもわかりました。中国北京には，フラッシュカードを中

第1章　子どもを巡る現代的問題

図 1-7　中国の早期教育
（左：乳幼児の右脳開発の本，右：早期教育教室での教材）

心とする習いごと教室が何百か所もあると聞きました。実際にそのような園を見学しましたが，その時の，保育所の先生のフラッシュカードをめくる速さは相当なもので，ちょっと驚いたことを思い出します（図1-7）。

ヨコミネ式やフラッシュカードなどの教育方法が，長期的に子どもの成長にどのような影響をおよぼしているかは定かではありませんが，それらの教育を受けさせようとする親が多くいるという現実は知っておきたいものです。「幼い子どもにはかわいそう」「そんな教育は意味がない」と感想を言うのは簡単ですが，学歴偏重社会がこうした教育への熱を高めていることは確かです。

2）早期教育事情

早期教育とは，「幼い子どもを対象として，学校教育の外部で行われる，標準よりも早目に実施される教育」のことを言いますが，一般的には「習いごと」という言葉で代表されることが多い

ようです。この習いごとと類似した言葉として「おけいこごと」というのもありますが，こちらの方は三味線，琴，踊りなどの芸能技能を習う場合に主に使います。

「学校外の習いごとやスポーツクラブに行っていますか（学習塾や部活動は除き）」という質問に対して，小学1年から6年生のどの学年でも約8割の子どもが行っていると回答しています。どんな種類の習いごとに行っているかをみると，小学1年から3年生では，スイミング（39.4％），音楽教室（26.9％），英会話（16.9％），サッカー，体操と続きます（東京大学社会科学研究所・ベネッセ教育総合研究所共同研究「子どもの生活と学びに関する親子調査2015」ベネッセ幼児の第5回生活アンケート）。

子どもが習いごとに参加する割合が高くなっているのは，幼い頃からの学びを重視する傾向が強まっていることや，激化する受験競争といった理由以外に，習いごと教室の数が増え，近所で手頃に通えるようになったという理由があります。また，多くの両親が子ども時代に習いごとに参加し，良い印象を持っているという理由もあります。親世代は自分の子ども時代にスイミング教室やピアノ教室に通った経験があり，大人になって水泳ができたりピアノが弾けたりするのはそのためだという思いがあります。ですから，親として我が子にも同じような経験をさせたいと思うのは当然の成り行きかもしれません。

ただ，心配されるのは，親が子どもの時，習いごと教室をめぐって親ともめたことや，自分ができなくて泣いたことなどは明確に覚えていないということです。何割かの親は自分の苦い経験があるので，我が子にはそうした経験をさせたくないということで，習いごとに参加させないものです。習いごとが原因となって，子どもの心身に不調が生じることがあることも知っておきたいと

ころです。多くの習いごと教室では達成することが目標として設定されていて，子どものやる気を高めようとするスタイルをとっています。例えば，スイミング教室を例にとるならば，泳ぐ距離，泳ぐ速さが目標として設定され，子どもはそれをどんどん達成していくことが求められます。ピアノ教室にしても，より複雑なスキルを要する目標が設定されます。こうした目標を首尾よく達成していく場合は良いのですが，子どもの特性や能力によってはそう容易くは達成できず，何度もつまずくこともあります。そうなると，一般には，親が先生となり，自宅で練習を始めます。その結果，子どもは習いごと教室でも自宅でもつねに達成することを目標づけられることになり，ストレスフルな状態が続くことになります。その結果，親子関係も緊張状態となるかもしれません。こうした状況がある一定期間続けば，子どもの心身に不調が生じてもおかしくありせんし，さらに状態が悪化すれば，ストレス関連疾患の状態となることもあるかもしれません。我が子のよりよい成長を期待して習いごとに参加させたことが，悲しい結末とならないように気をつけたいものです。

3）早期教育の効果

　早期教育の効果については，教育開始年齢，教育期間，能力開発やスキル習得などの目標，教育方法，そして教育効果の判断時期など，いろいろと勘案して決める必要があります。例えば，英語の習いごとについてみると，何歳から習い始めたのか，何年間習ったのか，発音の適切さか語彙の豊富さか，会話中心あるいはテキスト中心で学んだのか，そして，10歳，15歳，20歳などのどの時期で効果をみるかによっても異なりますので，早期教育の効果と言っても，そうは簡単に解明できません。しかし，英語に

しろ，水泳にしろ，ピアノにしろ，学ばなければ習得はできません。

　そこで，「人生の比較的早い時期から学習すると絶対的に有利なのか」という問題を設定し，早期教育の効果について考えてみたいと思います。運動の場合は，日頃の生活でも必ず体を動かし運動をしているために，運動の効果を特定することは大変難しいことから，習いごとで人気のあるピアノについて考えてみることとします。ピアノの習いごとの場合は，ピアノを弾くスキルと音程を判定できる音感の2つが期待される能力となります。ピアノを弾く能力は運動能力と深く関連するため，音感の能力について考えてみることとします。音感には，絶対音感と相対音感があります。絶対音感とは，基準音なしに音の高さを判定できる能力を言います。相対音感とは，ある基準音が提示された後に，次の音を評価できる能力を言います。絶対音感を有する人は，学校のチャイムとかサイレンの音も，ドレミの音階ですぐに表すことができますので，雨音や電車の音なども音階として聞こえるそうです。音楽家の半数以上は，絶対音感の持ち主と言われています。

　この絶対音感の能力は，3歳頃から5歳頃，遅くても7，8歳までに急激に発達し，この時期に適切な練習をすることが必要であると指摘されています。いわゆる，絶対音感の学習の適切な時期，至適期があることになります。しかし，私の指導する卒業論文で絶対音感をテーマにした調査がこれまでにいくつかありましたが，それらによると，絶対音感を有するかどうかの判定方法が曖昧であること，また幼少期に特別な練習をせずとも絶対音感を有する者がいることがわかりました。また，文献によると，双生児やきょうだいで絶対音感を有する者が多いということで，遺伝的背景を無視できないこともわかります。総合的に判断すると，絶対音感の潜在的能力があり，至適期に適切な練習をすることで

第1章　子どもを巡る現代的問題

絶対音感に匹敵する能力を習得しやすいと言えますが，そうした潜在能力が低い場合や練習時期や練習方法が異なれば，絶対音感は習得できないと考えられます。一方，絶対音感の素質に恵まれた者は，音楽に自然と親しむ程度でも習得できる可能性があります。

　このように考えてくると，生来の子どもの能力を見極め，それに応じた環境を整えることが大切という結論が得られそうです。子どもの能力と言っても多様ですし，学習すればそれに応じて一定の成果は現れますので，早くから学習すると，本来持っている能力を見極めることが難しくなることもあります。生来持っている能力は，自然な遊びの中での子どもの姿をみれば，ある程度は察することができるのではないでしょうか。砂場でものをつくったりするのが得意な子どももいれば，ブランコや鉄棒が得意な子もいれば，友だちと仲良く接することができる子もいます。缶を叩いたり，動物の泣き声をまねしたりする音遊びが得意ならば，絶対音感習得の早道になるかもしれません。遊びは子どもの能力の見極めに最適な場であるとも言えます。オリンピック選手やある領域で才能を発揮する子どもの親は，子どもの遊ぶ姿から，子どもの適性を見極め，その適性に合った環境を整えていることが少なくありません。

4）早期教育の隆盛と子どもの遊び

　今や，学習塾を含めると習いごとに行ったことがない子どもを探すほうが難しいかもしれません。小学校のスポーツ少年団の活動も，広義では習いごとの範囲に入るのかもしれません。幼稚園に通う幼児の場合，午前9時から午後3時頃までは園で過ごし，降園後は週のうち1，2回は習いごとに行くのが当たり前で

す。そうなると、「Aちゃん，遊べる？」が降園時の子どもの会話となってしまいました。かつては「Aちゃん，遊ぼう！」でしたが，今は，「遊べる？」です。「遊べる？」と聞くと，Aちゃんは自分の母親に「遊べる？」と確認しなければなりません。その理由は，習いごとのスケジュールあるからです。また，1人の子どもが習いごとに行くと，近所で遊ぶことができる子どもが見当たらず，別の子どもも習いごとに参加する事態となります。例えば，ピアノ教室とスイミング教室がない曜日だけ，降園後，自宅近くの遊び場に集まることとなります。小学生の場合も幼児と事情は大きく違いません。小学生ですので，朝8時から午後3時頃まで学校へ行って，下校後，学習塾や習いごと教室へと出かけます。土日は，スポーツ少年団活動で朝早くから夕方まで練習します。とくに，スポーツ少年団活動は体力向上には良いのですが，練習や試合が厳しく，疲労を蓄積する結果となっているのが現状です。小学生のサッカースポーツ少年団では，土曜日は午後練習し，日曜日は3試合するようなことも珍しくありません。平日に，1，2日ほど練習を組み込んでいることもあります。明らかに練習しすぎですが，それを食い止めるガイドラインは設けられていません。今，中学校の部活動がやり過ぎではないかということで休日を設けることで議論がなされていますが，小学生のスポーツ活動にはもっと厳格なガイドラインが必要であると思われます。

　こうした習いごとやスポーツ少年団の活動と遊びとはどこが違うのでしょうか。習いごとにしてもスポーツ少年団にしても，つねに大人が一緒にいて，大人が時間，場所，内容を決めることとなります。安全に効率よく学ぼうとするなら，大人がいたほうが良いのかもしれません。一方，遊びでは，大人が一緒のこともあるかもしれませんが，子どもが自分たちの好きな時間や場所，遊

び内容を決めます。なかでも，遊びでは，やりたいこと，面白いことを計画なしに，自由に決めることができます。1人でも，2人でも，もっと多くの人数でも，遊ぶことができます。そこには，子どもの基準やルールがあって，大人の介入は必要ありません。両者の異なるところは，自発性の観点にあると言えるのかもしれません。大人が準備した環境よりも，子どもが自ら選択した環境の方が，自発性は育つに違いありません。高校や大学，そして社会人になればなるほど，学業面や仕事面で自発性が必要となる場面は増えます。子ども時代の遊びをとおして育まれた自発性は，その時にきっと役立つのです。だからこそ，子ども自らが選択できる環境の中で遊ぶことが今必要とされていると思います。

4　不器用な子ども

1）からだのおかしさ調査から

　「子どものからだ調査」という調査があります。これは教師や保健室の先生を対象として，「子どものからだの変化で，最近増えているのは何ですか？」と質問し，選択肢の中から選んで回答する形式のものです。次の表がその調査結果で，保育所や幼稚園では，「アレルギー」「皮膚がカサカサ」が上位を占めるほか，「背中ぐにゃ」「すぐに疲れたと言う」「つまずいてよく転ぶ」などの体力・運動能力の衰えと関連する項目があがっています（野井他，2016）（表1-2，表1-3）。この調査はいわゆる教師の実感に基づくもので主観的判断に依存するため，実際にそのような変化があるかどうかはわかりません。しかし，この一連の調査を担当する研究者グループは，子どもの大脳の不活発さ，脊柱の偏りな

表 1-2　子どものからだ調査の結果
「最近増えている」という実感の回答率・ワースト10 [保育所]
（「子どものからだ調査 2015」結果報告より）

1979 年 (n=195)		1990 年 (n=223)		1995 年 (n=64)	
1. むし歯	24.2	1. アレルギー	79.9	1. アレルギー	87.5
2. 背中ぐにゃ	11.3	2. 皮膚がカサカサ	76.4	2. 皮膚がカサカサ	81.3
3. すぐ「疲れた」という	10.5	3. 背中ぐにゃ	67.7	3. すぐ「疲れた」という	76.6
4. 朝からあくび	8.1	4. すぐ「疲れた」という	63.3	4. そしゃく力が弱い	71.9
5. 指吸い	7.2	5. そしゃく力が弱い	59.4	5. 背中ぐにゃ	70.3
6. 転んで手が出ない	7.0	6. 背中ぐにゃ	53.7	6. つまずいてよく転ぶ	54.7
7. アレルギー	5.4	7. つまずいてよく転ぶ	52.4	6. ぜんそく	54.7
8. つまずいてよく転ぶ	4.9	8. 転んで手が出ない	48.0	8. すぐ疲れて歩けない	51.6
9. 保育中目がトロン	4.8	9. 指吸い	43.7	8. 朝からあくび	51.6
10. 鼻血	4.6	10. 朝からあくび	43.2	10. 転んで手が出ない	48.4

2000 年 (n=154)		2005 年 (n=201)		2010 年 (n=90)	
1. すぐ「疲れた」という	76.6	1. 皮膚がカサカサ	77.6	1. 皮膚がカサカサ	65.6
2. アレルギー	76.0	2. アレルギー	74.6	2. すぐ「疲れた」という	63.3
3. 皮膚がカサカサ	73.4	3. 背中ぐにゃ	72.1	3. 保育中, じっとしていない	60.0
4. 背中ぐにゃ	72.7	4. すぐ「疲れた」という	68.7	3. 背中ぐにゃ	60.0
5. そしゃく力が弱い	64.3	5. 保育中, じっとしていない	68.2	3. アレルギー	60.0
6. ぜんそく	61.0	6. 床にすぐ寝転がる	64.2	6. 朝, 起きられない	55.6
7. 保育中, じっとしていない	60.4	7. そしゃく力が弱い	58.2	7. 夜, 眠れない	53.3
8. ぜんそく	58.4	8. ぜんそく	57.2	7. ぜんそく	53.3
9. 体が硬い	53.2	9. 転んで手が出ない	48.8	9. 体が硬い	47.5
9. 自閉的傾向	53.2	10. つまずいてよく転ぶ		10. 奇声を発する	45.6
				10. 自閉的傾向	45.6

2015 年 (n=199)	
1. アレルギー	75.4
2. 背中ぐにゃ	72.4
3. 皮膚がカサカサ	71.9
4. 保育中, じっとしていない	70.9
5. すぐ「疲れた」という	67.3
6. 噛まずに飲み込む	64.2
7. 夜, 眠れない	57.3
8. 自閉傾向	56.8
9. 床にすぐ寝転がる	52.8
10. 転んで手が出ない	51.8
10. つまずいてよく転ぶ	51.8

注：表中の数値は%を示す

どの測定結果を同時に発表し，この実感調査の結果内容を科学的に裏付けています。

　この他に，子どものからだのおかしさという観点で気になるのは，子どもの足裏の問題です。歩くことが減り，足を踏ん張ってするような活動も減ってしまったことで，土踏まずを十分に形成していない（いわゆる扁平足^{へんぺいそく}）子どもが増えていると考えられま

第1章　子どもを巡る現代的問題

表1-3　子どものからだ調査の結果
「最近増えている」という実感の回答率・ワースト10［幼稚園］
（「子どものからだ調査2015」結果報告より）

1990 年 (n=193)		1995 年 (n=115)		2000 年 (n=162)	
1. アレルギー	72.3	1. アレルギー	74.8	1. アレルギー	82.7
2. 皮膚がカサカサ	68.0	2. すぐ「疲れた」という	73.9	2. すぐ「疲れた」という	76.5
3. すぐ「疲れた」という	57.8	3. 皮膚がカサカサ	68.7	3. 皮膚がカサカサ	69.1
4. ぜんそく	54.9	4. 背中ぐにゃ	56.5	4. ぜんそく	67.3
5. 背中ぐにゃ	53.4	5. ぜんそく	53.0	5. 背中ぐにゃ	66.0
6. 腹痛・頭痛を訴える	41.7	6. つまずいてよく転ぶ	52.2	6. 転んで手が出ない	59.3
7. 転んで手が出ない	41.3	7. 朝からあくび	47.0	7. 転んで手が出ない	53.7
7. つまずいてよく転ぶ	41.3	7. すぐ疲れて歩けない	47.0	8. つまずいてよく転ぶ	49.4
9. 朝からあくび	40.3	9. 転んで手が出ない	43.5	9. 腹痛・頭痛を訴える	48.8
10. 棒のぼりで足うらを使えない	39.3	10. 腹痛・頭痛を訴える	41.7	10. 朝からあくび	47.5
		10. そしゃく力が弱い	41.7		
2005 年 (n=188)		2010 年 (n=105)		2015 年 (n=104)	
1. アレルギー	77.1	1. アレルギー	72.4	1. アレルギー	75.0
2. すぐ「疲れた」という	72.9	2. すぐ「疲れた」という	65.7	2. 背中ぐにゃ	73.1
3. 皮膚がカサカサ	66.0	3. 背中ぐにゃ	63.8	3. すぐ「疲れた」という	71.2
4. 背中ぐにゃ	64.9	4. ぜんそく	62.9	4. オムツがとれない	69.2
5. 床にすぐ寝転がる	60.1	5. 自閉的傾向	61.9	4. 自閉傾向	69.2
6. ぜんそく	59.6	6. 皮膚がカサカサ	61.0	6. 保育中、じっとしていない	63.5
7. 発音が気になる	56.4	7. 保育中、じっとしていない	58.1	6. 発音が気になる	63.5
8. 保育中、じっとしていない	55.3	8. 発音が気になる	53.3	8. 床にすぐ寝転がる	62.5
9. つまずいてよく転ぶ	47.3	9. 床にすぐ寝転がる	50.5	9. 体が硬い	59.6
10. 体が硬い	46.8	10. 転んで手が出ない	46.7	10. つまずいてよく転ぶ	53.8
				10. 皮膚がカサカサ	53.8

注：表中の数値は％を示す

す。かつて，ドイツでは徴兵制度のチェック項目として扁平足を
取り上げていたと言われています。扁平足の場合，兵士としての
適性がないという判断だったようです。確かに，子どもの体力と
扁平足は関連し，扁平足の子どもは体力が低い傾向にありますの
で，適切な基準項目になります。土踏まずが十分に形成されてい
ないと，バランスがうまく取れなかったり，衝撃を吸収できなかっ
たりしますし，足が疲れやすいという症状が生じます。

　この扁平足以外では，浮足やハイアーチという足趾も問題とな
る症状です。浮足とは，足の指がうまく地面についていない状態
を指します。ハイアーチとは，足裏の中央あたりの外側が浮いて
いる状態を言います。最近では足の指で挟むことが必要な下駄や
草履を履かなくなっていますし，踏ん張ることも減っていますの

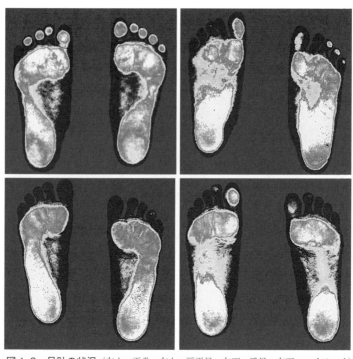

図1-8 足趾の状況（左上：正常，右上：扁平足，左下：浮足，右下：ハイアーチ）

で，足の指を地面につける必要性がなくなりつつあるのかもしれませんが，扁平足や浮足では，速く走ったり，力を込めて引っぱたり押したりすることが難しくなります。

2) 子どもの体力・運動能力の低下

　子どもの体力・運動能力は小学校や中学校で実施される新体力テストで測定されてきました。その時代的変化をみると2つの特

第1章　子どもを巡る現代的問題

表 1-4　体力・運動能力の比較

	男子		女子	
	親の世代	今の子どもたち	親の世代	今の子どもたち
身長(cm)	143.2	145.4	145.5	147.3
50m走(秒)	8.8	8.8	9.0	9.2
ソフトボール投げ(m)	34.0	27.2	20.5	16.5

＊親の世代は昭和60年度の11歳，今の子どもたちは平成28年度11歳
＊子どもの体力向上ホームページから作成

徴があります。1つの特徴は，体力・運動能力は平均値でみると
1980年代半ばが最も高く，その後2000年頃まで低下し，それ以
降から現在まで横ばいか若干向上傾向にあるということです。も
う1つの特徴は，得点の高い人から低い人までの幅を表す個人差
が，年々拡大してきている点です。大雑把に言うと，子どもの体
力・運動能力は全体的に低下し，できる人とできない人の差が拡
がっているということになります。

　親世代の子ども時代と比較すると，今の子どもは，身長などの
体格面では優れていますが，投力などの運動能力は劣っている
ことがわかります（表1-4）。この結果は大変注目すべきものです。
というのは，ほぼ同じ地域で育ったにもかかわらず，運動能力の
低下がみられるということは，地域の環境や遊び時間などの変化
が影響したことを示すものだからです。親世代と子ども世代の約
20，30年の間に，子どもが育つ環境が変化しているということ
になります。子どもの体力は，行動する力であり，病気や怪我か
ら身を守る力です。それらの力が低下することは，やる気や学ぶ
力の形成にも良い影響をおよぼしません。子どもの体力を維持・
向上させる環境を今一度見直す必要があります。

3）身体的不器用さ

　幼児期から児童期前半にかけて，からだを巧みに動かすために必要な運動能力が急激に発達します。この運動能力のことを調整力と言って，前転をしたり，縄跳びをとんだり，バスケットボールのゴールにボールを入れたりすることがうまくできる能力のことを言います。こうした運動が「ぎこちない」場合は，不器用，いわゆる身体的不器用と呼ばれます。ボール投げも，腕や足の筋力だけでなく，調整力が関係しています。幼児のボール投げを観察すると，ボールを真上に投げたり，真下にぶつけるかのように投げたりする子がいます。また，投げる手と支えとなる足がうまく連動していない子どももいます。こうしたからだの各部位の動きを協調させ，タイミング良くボールを離すことが，投げる動作では必要とされます。ボールを離すタイミングが少しずれただけで，投げる運動は首尾よくいきません。子どもの投げる力が低下

図1-9　器用さと自己像の関係
（左：正常，右：身体的不器用な子どもの自己像）（仁科，2014）

第1章　子どもを巡る現代的問題

しているのは，投げる機会が減っているうえに，からだ全体をう
まく協調させる調整力の発達も十分でないことも関連しています。
　身体的不器用が著しい場合は，発達性協調運動障害　Develop-
mental Coordination Disorder（DCD）と診断され，早期から訓
練を受ける必要があります。DCDは，日常生活に支障をきたす
ほどの身体的不器用さのことを指します。アメリカでは子ども
のDCDの割合は約6％，男児は女児と比較して3倍程度も多い
という報告があります。三輪車に乗れないことがきっかけとなり，
DCDと診断されることがあると言われています。このDCDの場
合は，早期発見・早期治療が必要となりますので，日本における
DCDの正確な診断基準の作成が待たれるところです。
　身体的不器用さがあると，縄跳びができなかったり，ボールが
うまく投げられなかったりします。そうなると，遊びへの参加が
少なくなったり，活動量が減ったりします。このことを身体的不
器用さの一次的影響と言います。こうした状態が長く続くと，ま
すます遊びに参加しなくなることから，身体的不器用さが改善さ
れることはありません。その結果，仲間外れにされたり，嘲笑の
対象とされたりしますので，こころの発達にも影を落とす結果と
なってしまいます。これを身体的不器用さの二次的影響と言いま
す。図1-9は，身体的不器用さを呈する幼児と，そうでない幼児
が描いた自己像です。子どもの自己像は，精神的発達の指標とさ
れるもので，感情的側面の表出とみなすことができます。自画像
がしっかりと描かれていれば肯定的な自己が確立していると考え
られます。身体的に不器用な幼児は，しっかりとした自己像を描
くことができないこと（図1-9右）から，身体的不器用さの二次
的影響が心配されるところです。

4）身体的不器用さと遊び

　脳や神経系の異常に起因しない身体的不器用さの多くは，生後の環境に依存すると言っても良いと思います。靴ひもを結べなかったり，ハサミをうまく使えなかったり，ドリブル（ボールつき）ができなかったりするような，いわゆる不器用さは，巧みな動きに必要とされる運動能力が育つための経験不足が影響しています。すなわち，多様な動きのある遊びの経験が不足しているのです。

　そこで，そうした巧みな動きのための能力を鍛えようという考え方が出てきています。一般に，巧みな動きに必要な調整力や協調力などを総称してコーディネーション能力と呼びますが，その能力を向上させようと行うのが，コーディネーション・トレーニングです。スポーツ選手が対象であったり，機能回復を目的としたりするのであれば，コーディネーション・トレーニングの成果は十分に期待できるものです。これと同じ考え方で，子どもにもコーディネーション・トレーニングをしようとして，幼児のために開発されたラダーと呼ばれるはしご型のひもを使ったコーディネーション・トレーニングが考案されています。それは，ラダーを床面に置き，その間隔を利用して，いろいろなステップを踏んでいくというトレーニングです。

　しかし，こうした方法には疑問を感じます。たしかに，それほど子どものコーディネーション能力が危機的状況にあると捉えることもできますが，いろいろな遊びをすることで十分解決できるのはないかと思います。石蹴りやケンパ，どんじゃんでもほぼ同じコーディネーション能力を育てることができるはずです。このような遊びの方が，子どもにとっては楽しいはずです。楽しいということは何度も繰り返しできることにつながりますので，仮に

第1章 子どもを巡る現代的問題

トレーニング効果という視点でみたとしても，こちらの方が良い
はずです。子どもには，トレーニングという視点より，遊びの視
点から，よりよい成長を考えていきたいものです。

　身体的不器用さや体力・運動能力の低下を克服する対策は，や
はり経験量を増やすことにあります。運動をしない限り，運動能
力は育ちません。そして，もう1つ大切なことは，コーディネー
ション能力に代表されるような体を巧みに動かすために必要とさ
れる能力が，幼児期から児童期前半にもっとも発達することがわ
かっている点です。この時期がコーディネーション能力の旬なの
です。この時期を逃すと，これらの能力はまったく育たないとは
言えませんが，そうは簡単には伸びません。これらのことを考え
ると，幼児期から児童期前半の頃に，多様な動きがともなう運動
遊びをすることが大切であることがわかります。

5　自己抑制ができない子ども

1）自己チュウ

　近年，子どもの問題の中でも，いじめ，不登校，校内暴力等は
深刻な状況にあります。それらの問題の顕在化は子どもが生きづ
らい状況に置かれていることを示すものであり，社会問題の1つ
としてとらえる必要があります。しかし，この問題には，子ども
が自分の感情や行動を制御する力をまだ十分持ち合わせていない
ことが1つの背景にあります。自分の感情や行動を表現したり抑
制したりできる自己制御機能の問題です。社会で生き抜くために
は，自分の感情や行動を表出したり抑制したりする自己制御また
は自己コントロールの能力が必要です。自分勝手に自分の感情を

表に出したり行動したりするばかりでは、社会生活をうまく送れません。

　自分の行動をどのくらい抑制できるかを調べる実験があります。それは大脳の活発さを表す指標としても使われることがありますが、次のような実験課題でどういう反応を示すのか、その仕方で推測されます。わかりやすいように簡単に説明します（実際課題とは少し違いますが要点は同じです）。パソコンとそれに連動したボタンがあるとします。パソコンの画面に青と赤の色が表示されますので、例えば青ならボタンを押す、赤ならばボタンを押さないという条件のもとで、「正確に速く反応する」ことが求められる課題（go/no-go課題）です。パソコンの画面に青でも赤でも何かが刺激として出ると、すぐにボタンを押していまいがちになりますので、「押さない」ことがどのくらい正確なのかを調べることで、抑制機能の発達を評価します。この調査の結果、「押さな

図1-10　じゃれきつき遊びの風景　（健康保育の科学, 2006から掲載）

い」でいるべきときにボタンを押してしまう誤動作が多い等の特徴がみられることから，最近の子どもは，以前よりも大脳の活動が不活発で，抑制機能が低下しているという報告がなされています。

　自分の行動を抑えられない子どもが増えていることへの危惧から，いろいろな取り組みがありますが，その中で注目されるのが「じゃれつき遊び」の実践です。じゃれつき遊びというのは，くすぐったり，抱きついたり，足にしがみついたりするスキンシップ遊びです。かつては，こうした行為は家庭や学校でよくみられた光景で，遊びとは言いませんでした。わざわざ時間をとって，スキンシップ遊びをするまでもなかったのだと思いますが，スキンシップが不足しているという認識から「じゃれつき遊び」が実践されるようになったのだと思います。ある保育園では「じゃれつき遊び」を積極的に導入したところ，上述の「正確に速く反応する」ことが求められる課題（go/no-go課題）の成績が向上する可能性があることがわかりました。つまり，「じゃれつき遊び」というスキンシップを密にする遊びをすることで自己抑制機能が高くなるというのです。こんな簡単な遊びでも子どもの脳に変化が起こるわけですから，「おしくらまんじゅう」のような昔からある遊びを復活させて，子どもたちに毎日楽しんでほしいものです。

2）小1プロブレム

　小学1年生の子どもが小学校での生活や学びの面でうまく適応できないことから生じるさまざまな問題を，「小1プロブレム」と呼びます。具体的には，複数の子どもが授業中に立ち歩いたりトイレに行ったりして，そのために授業を中断せざるを得なく

なったり，休み時間が終わっても教室に戻ってこないというような状態が，入学当初から夏休み前後まで続いたりします。また，教室で算数のプリントの丸付けをしてほしくて，子どもたちが教卓の前に列をつくり授業時間の大半がそれで潰れてしまったりして，授業にならないような状態が続く場合も「小1プロブレム」と言えるでしょう。要するに，小1プロブレムとは，小学1年生の学びと生活が成立しない状態が続くことを指します。小1プロブレムは，学級崩壊とは違います。学級崩壊は，授業内容が理解できないか，先生が嫌いかのどちらかが主な原因です。ところが，小1プロブレムでは，子どもたちは先生が大好きですし，勉強もしたいと思っている場合が多いようです。ただ，問題なのは，子どもたちの幼さや自己中心的な行動が顕著に表れるために，学級という集団での行動に支障が生じることです。

小1プロブレムに関する調査報告（東京都教育委員会，2011）をみると，興味深い結果が出ています。それは，若手教員が担当するクラスよりも，ベテラン教員の担当クラスの方に，小1プロブレムが発生しやすいということです。この理由はどこにあるのでしょうか。ベテラン教員の方が学級経営も子ども理解の点でも優れているはずです。そうなると，目の前の子どもに応じた指導が不十分だということでしょうか。子どもの変化に応じて，臨機応変に対応ができないということでしょうか。これまでと同じような指導方法ではうまく対応できないほど，子どもの発達に変化があるようです。

では，小1プロブレムにはどのような原因があるのでしょうか。保育者に，「小1プロブレムの原因はなんですか」と質問し，その答えを自由に回答してもらうという調査をしたことがあります。その回答を見てみますと，その多くは，①発達の遅れ（気になる

第1章　子どもを巡る現代的問題

子の増加，コミュニケーション能力の幼さ，など），②幼稚園・保育所と小学校の教育方法の違い（遊びと勉強の違い，集団行動に慣れていない，など），③自己抑制力の不足の3つのカテゴリーに分けることができました。とくに，自己抑制力の不足のカテゴリーには，「周りの状況を気にせず自分勝手な行動をする」「我慢することができない」「じっとしていることが苦痛，しんどい」「自己主張が強い」などの回答がみられました。幼稚園・保育所と小学校の教育方法の違いについては，幼小連携の観点から，幼稚園では小学校スタイルの生活を導入したり，小学校では遊びを取り入れた授業をしたりするカリキュラムが作成され，対応されつつあります。しかし，発達の遅れや自己抑制力の不足は，家庭での育ち方と深く関連していますので，学校だけで十分対応できるわけではありません。これらの力がどのようにして育つのかを今一度考えなおす時に来ています。

　子どもの自己抑制の力は，やはり家庭環境の影響，とくに親の影響が最も大きいと考えられます。森下（2003）は，自己抑制の高い子どもの父母がともに子どもに対して受容的であったのに対して，自己抑制の低い子どもの父母はともに拒否的であったと指摘しています。また家庭でも幼稚園や保育所でも自己主張の強い男子の母親は態度や振る舞いに矛盾が少なく，その反対に自己主張の弱い男子の母親は矛盾が多いようです。さらに，父母ともに子育てに受容的な場合，女子は自己抑制が高かったのに対し，父母ともに拒否的な場合，男女ともに攻撃性が高かったと報告しています。

　奥田（1997）は，自己抑制と関連がありそうな「自主性」を取り上げて，親の遊びに対する態度との関係について報告しています。その調査の結果，両親が子どもの遊びに対して受容的な関わ

り方をする子どもは，自主性が高いことがわかりました。夫婦で遊びへの関わり方が異なることもありますので，「父親が厳格で母親が受容的」というパターンあるいは「父親も母親も厳格」というパターンなどに分類して分析したところ，父親の態度の影響は小さく，母親が受容的に子どもの遊びに関わっているかどうかが影響していることがわかりました。これは，子どもの遊びに時間的に長く関わる母親の態度が，子どもの自主性形成に大きく関わっていることを示したものだと考えられます。

　子どもの安全への危惧や教育への不安が大きくなっていることは確かですが，親が子どもの遊びを温かく見守ってやることもなかなか難しい状況にあります。一方で，子どもが大人になったときに自分で自分の意見を言え，多くの人たちとうまく対応しながらやっていけるような力が子ども時代に培われることも，また確かなことです。そうであればこそ，こうした生きる力が子どもの家庭や遊びを通して育まれることについて，今一度深く考えてみる必要があるのではないでしょうか。

（奥田援史）

第2章 遊びの「3つの間」の変化

1 遊びをめぐるエピソード

　私が子どもの頃ですので，もう 40 年以上も前のことです。田舎では，遊び場と言えば，山や川，田んぼ，道や校庭でした。小学校高学年の頃だったと思いますが，友だち 3，4 人と川へ遊びに行ったりしていました。川へ遊びに行くと言っても，釣りをするとか，魚を網で捕るとか，水辺で遊ぶとか，あるいは泳ぐといった目的が，特段決まっているわけではありません。特段決まっていないと言うのは，その日に見つけたものを使って遊ぶからです。網が落ちていれば魚捕り，飛び込むことができそうな岩があれば，パンツ一丁で水遊びです。夏休みは，山へ行ったり川に入ったり田んぼで遊んだりと，毎日遊び暮らしたものです。1970 年代ごろの田舎の子どもの生活では，そんな子どもが大半だったと思います。習いごとや学習塾，スポーツ少年団などもありましたが，地方では遊びの延長線にあるような活動でしかありませんでした。

　川へ遊びに行くと，川の上に鉄橋が掛かっていて，電車が通る度に鉄橋の真下から電車を見上げていました。何が面白かったのか覚えていませんが，何度も電車を見たことを覚えています。電車の通る時間の間隔で，だいたいの時刻が推測できたものです。ある日，その鉄橋に，蜂の巣を見つけました。蜂の正確な名前はわかりませんが，大きめの蜂で，子どもながらに危ないと思うような蜂でした。鉄橋に蜂の巣があるとなれば，石で落として，蜂の子を捕るなり，食べるなりするのが決まり事のようなものです。河原に石はいっぱいありますので，適当な大きさの石を拾って，蜂の巣めがけて投げます。子どもにとっては，鉄橋までは相当の距離がありますから，石を投げてもなかなか命中しませ

44

第2章　遊びの「3つの間」の変化

ん。しかし，何度も投げているとたまに命中します。そうすると，蜂が巣から外へ出てきます。さらに石が命中すると，こちらへ攻撃してくるかのごとく，蜂が勢いよく飛び回ります。子どもながらに，危ないと感じます。田舎の子どもですから，その辺りは敏感なのかもしれません。それでも，蜂の巣をとることをやめません。さらに石を投げ続けると，命中します。蜂の巣のかけらが落ちてきます。すると，蜂は先ほどよりもっと活発に飛び回り，攻撃をしはじめます。「危ない！」，誰かが「水に潜れ！」と叫びます。蜂が攻めてきたら潜り，しばらくして，頭と目を出して様子を伺います。その状態でしばらくすると，蜂は巣の方へ戻っていきます。そこでやめればいいのですが，蜂の巣を落とすまではやめられません。投げる要領を得ると，石が当たる確率がどんどんアップします。ついに，確実に命中します。ここで命中させた者は，子どもながらに優越感でいっぱいです。自慢話として語れることです。蜂の巣の大部分が河原の石の上へ落ちても，まだ中には蜂がいます。こちらへも攻めてきます。また水に潜っては，頭と目だけを出して様子を伺います。潜水艦の潜望鏡のように。今度は，蜂は巣から遠くへはなかなか行きません。これでは，どうしようもありませんので，蜂の巣から遠くへ離れるために，潜って移動します。蜂の巣から少し遠いところで，どうやったら蜂がいなくなるかを考えます。「蜂の巣を袋に入れて，持って帰ろう」と誰かが名案のごとく言い出します。河原でゴミ袋を探し出し，土に埋まったゴミ袋を引っ張りだしますが，破れて使いものになりません。河原から，道へ田んぼへと探しに行って，やっと見つけてきます。少しだけ破れはしていますが，この状況では極上のゴミ袋です。蜂の巣の近くまで戻り，ゴミ袋に押し込もうとしますが，蜂がいます。なかなか近寄ることができません。誰か

45

が，長い木を2本持って来て，蜂の巣を挟んでゴミ袋に入れよう
とします。なかなか上手く入りません。蜂の巣がどんどん崩れて
いきます。蜂が近寄ってきます。川に潜ります。川から出て，木
を使って，崩れた蜂の巣をゴミ袋に押し込みます。何度か試みる
と，全部とはいきませんが，そのうち蜂の巣はゴミ袋に収まりま
す。ゴミ袋を閉じるのが最後の難関ですが，まだ蜂はいます。蜂
を退治しないと，持って帰れません。

　こうした格闘の結果，蜂の子を手に入れることができたはずで
すが，そこはあまり覚えていません。手に入れるまでのプロセス
は何十年経っても不思議にも覚えているものです。このような
危険な遊びはもうできないのですが，このプロセスにこそ，子ど
も時代の遊びのエッセンスが凝縮されているのではないでしょう
か。ドキドキ，ワクワクしたこと，危険や恐怖を感じたこと，ど
うやれば良いかを考えたこと，友だちと一緒にしたこと，などな
ど，本当にいろんなことが詰まっています。遊びですので，こん
なふうにエッセンスを分類して考えるものではないのかもしれま
せんが，こうした遊び体験が原体験となっていることに間違いあ
りません。

2　園庭で「ゲーム・オーバー」

　数年前，ある幼稚園の園長先生から電話がありました。ちょっ
と急いだ感じの口調で次のような内容をお話しされました。今日，
園庭でダンゴ虫と遊んでいた園児が，死んだ虫を見て，「ゲーム・
オーバー」とつぶやいたというのです。もう息が止まりそうに
なって，目をぎゅっと閉じてしまうほど，驚いたということでした。
「なんとかなりませんか」と相談を受けましたが，私にはどうしよ

第2章　遊びの「3つの間」の変化

うもありません。実際に，そのような状況で「ゲーム・オーバー」と言われると困ってしまいますし，悲しい気持ちにもなります。

「game over」という文字は確かによく見ます。私の高校生時代にはインベーダーゲームというのがとても流行っていて，喫茶店でインベーダーゲームに興じたものです。ゲームが終わったとき，game overと文字が大きく出ます。現在でも，ゲームが終わった合図は game overと表示されますので，幼児が知っていても当然です。その当時，こうしたゲームはコンピュータ・ゲームと言われ，ゲームセンターや喫茶店くらいでしか楽しむことはできませんでした。その後，任天堂のファミリーコンピュータ，通称ファミコンが発売（1983年）されたことで，コンピュータ・ゲームを家，自宅の中で楽しむことができるようになりました。その結果，自宅で，1人で，長時間，コンピュータ・ゲームをすることが可能となったわけです。「ドラゴンクエスト」「ポケットモンスター」といったゲームは，知らない子どもはいないほど，時代の流行となりました。「ポケットモンスター」のテレビ番組を観た子どもが，光の刺激の影響で頭痛や吐き気などの症状を呈する事件が起こり衝撃を与えました。この1997（平成9）年の出来事は，ポケモン事件とかポケモン・ショックと言われ，1つの社会問題としてクローズアップされました。

こうしたヴァーチャル（非現実）な世界で遊ぶことは，ひと昔前のアトムやウルトラマンといったマンガやテレビと大差はありません。少し異なる点は，アトムやウルトラマンは情報を受け取るだけだったのが，ファミコンをはじめとするゲームではゲーム側から情報を受け取るだけでなく，こちら側から働きかけることが可能です。インベーダーゲームでも円盤がどんどんと変化していくのを，攻撃して撃ち落とすことができましたが，今はゲーム

47

の中で人を殴ったり，キャラクター同士で戦わせたりすることができるなど，ゲームをする人の影響力が大きくなっています。

テレビゲームの子どもへの影響については，さまざまな視点から研究されています。それらの研究を見てみると，子どもの年齢，テレビゲームの内容，ゲームをする時間，などの要因によって異なる結果がみられます。なかでも，気になるのは，対戦したり，攻撃したりするゲーム内容の場合，継続的に長時間するケースでは，子どもの暴力性が高まることが指摘されている点です。子どもが長じて大人になった時に，そうした遊び方が犯罪につながる可能性があるという指摘も心配される点です。また同時に，そうしたゲームに親しむ時間が長ければ長いほど，それは1人で遊んでいる時間が長くなることであり，活動量の小さい遊びをしているに過ぎないことも心配されます。

また，テレビゲームが家庭の中でできるようになったことは，子どもの生活や遊びを大きく変えました。家庭にいるときは，いつでも，どれだけでも，ゲームを楽しむことができます。これでは，家族との会話が減ったり，不規則な生活となり睡眠時間が短くなったりしても仕方ありません。テレビゲームの普及は，子どもの遊びを屋外から屋内へと移動させたということになります。

3 原体験

幼少期の遊びの体験は，楽しい思い出として，視覚，聴覚，触覚，味覚，嗅覚を介して，からだにしみこんでいます。泥んこ遊びをした時の泥の感触や臭い，虫捕りに行ったときの森や林の中の薄暗さや木や草の臭いは，はっきりとは覚えていないにしても，なんとなく心の奥底にしみ込んでいる感じがします。また，遊び

疲れて見上げた夕方の空が赤かったことも覚えています。

　このような幼少期に身体にしみ込んだ感覚は，人の感覚の原型として残っていくもので，「原体験」と呼ばれます。土，水，火，木などへの感触や臭いなどの感覚が，原体験です。日の出をみることや暗闇の経験などは原体験のうち「ゼロ体験」と呼ばれることもあります。表2-1は，原体験の種類を分類し，それぞれの具体的内容を示したものです。さらに，故郷や小さい頃の遊び場などの全体的な風景やイメージの記憶は「原風景」と呼ぶこともあります。このような「原体験」や「原風景」は大人になったとき，人の感情や行動に大きな影響力をおよぼすものです。

　どのような原体験を有するのが良いのかはわかりません。今この時代に生きている子どもの環境は昔とは違いますし，個々の特性や好みも異なりますので，一概に何が良い原体験とは言えません。ただ，子ども時代に，自然の中のような豊かな環境で創造性の高い遊びを経験した者は，美しい原体験がきっと形成されているに違いないと思います。それは，その後の感動経験や美的感覚の形成につながるものです。人を敬うことや人を傷つけたりしてはいけないといった道徳的な態度も，そうした原体験に影響されていると言っても良いと思われます。子どもの時，電車のなかで「お年寄りに席をゆずることを当たり前」のこととして経験すると，その優しさの原体験・原風景は，子どもの心に刻み込まれ，大人になった時の優しさを発揮することになるはずです。仮に，ゲームのバーチャルな世界で対戦したり探索したりすることが原体験となっているとすれば，それはそれが原型となって子どもの成長に影響をおよぼしていくのです。

　子どもの経験不足を心配する大人がいますが，そういう人たちに，「最近，水に潜りましたか」「最近，真っ暗闇を経験しました

表 2-1　原体験の分類

分類	内容
火体験	マッチで火をつけたこと／焚き火をしたこと
石体験	石を投げて遊んだこと／石で文字や絵をかいたこと
土体験	素足で土の上を歩いたこと／泥遊びをしたこと
水体験	雨に濡れながら遊んだこと／湧き水を飲んだこと
草体験	草のにおいをかいだこと／草で手を切ったこと
木体験	木の実をとって食べたこと／木をおもちゃにしたこと
動物体験	虫とりをしたこと／虫の飼育をしたこと
ゼロ体験	おなかが減ったのを我慢したこと／日の出を見たこと／真っ暗闇を歩いたこと／腐ったにおいをかいだこと

＊健康保育の科学（奥田他，2006）を参考に作成

か」と聞くと，多くの人が「そう言えば，最近はしていないなぁ」と答えます。子どもの姿は大人の姿と合わせ鏡でもあることを考えてみる必要があります。

4　遊びと 3 つの間

　2015（平成13）年のベネッセの調査結果をみると，子どもの生活や遊びなどに関する全体的傾向を知ることができます。この調査は，生後 6 か月から 6 歳までの乳幼児を持つ保護者約 4000 人を対象に実施したものです。調査対象者は，平均年齢が父親 38 歳，母親 36 歳。その約 7 割が幼稚園に通った経験があり，母親の半数が専業主婦というものです。また，この調査は 20 年前から 5 年ごとに実施されていますので，調査結果を比較すると時代の変化を知ることもできます。

　子どもの生活の特徴としては，年々，早寝早起きとなっていることが明らかとなった他，保育所に通う子どもの場合は，保育所での生活時間も含め家の外で過ごす時間が長くなっています。習

第 2 章　遊びの「3 つの間」の変化

いごとでは，通信教育を除けば，スイミング，体操，バレエ，リトミック，英会話に参加する子どもが多いことが特徴です。6 歳児に限定すると，8 割以上の子どもが習いごとをしています。子育てで力を入れていることは何かという質問には，他者への思いやりを持つこと，社会のマナーやルールを身につけること，基本的生活習慣を身につけることと回答する者が多くありました。

　同調査で，子どもがどのような遊びをしているかみると，公園の遊具を使った遊び（80 ％），積み木・ブロック（68 ％），人形遊びやままごと遊びなどのごっこ遊び（61 ％）という回答が多くみられました。これらの 3 項目は，20 年前の調査と比較すると年々増えています。次に回答が多かったのは，絵やマンガを描く（50 ％），ミニカー，プラモデルなどのおもちゃを使った遊び（50 ％），砂場などでのどろんこ遊び（48 ％），ボールを使った遊び（サッカーや野球など）（46 ％），自転車，一輪車，三輪車などを使った遊び（46 ％）でした。どろんこ遊びと自転車などを使った遊びは，減少傾向にあります。また，誰と遊んでいるかという項目では，友だちと一緒に遊ぶことが減少しています（20 年前の26 ％から 20 ％へ）。

　こうした結果から子どもの遊びを捉えると，室内遊びが増え，からだを動かす遊びが減り，1 人で遊ぶことが多いといった特徴を見出すことができます。まさにこれは「時間，空間，仲間の3 つの間」の変化が背景にある結果だと言えます。では，「時間，空間，仲間の 3 つの間」がどのように変化しているかをさらに具体的に見ていきたいと思います。

1) 遊び時間

　1 つ目の「遊び時間の変化」については，子どもは忙しくなっ

51

たと言われることと関連します。小学生なら，放課後に学習塾に通い，土日にスポーツ少年団の活動をすることで，思う存分に遊びに没頭する時間が少なくなっています。とくに小学生のスポーツ少年団では，平日の夕方に週2日練習，土日も練習や試合というスケジュールで活動しているところは少なくありません。これでは，遊び時間を確保できないのも仕方ありません。

　幼児の場合では，幼稚園と保育所のどちらに通っているかで事情が異なりますが，いずれも遊ぶ時間が少なくなっている理由があります。幼稚園へ通園している幼児は，かつては午後1時か2時頃に帰宅し，おやつを済ませれば，近所の子どもと遊ぶというのが当たり前でした。しかし，最近の幼児は，スイミング，ピアノ，英会話など2つ，3つの習いごと教室に行くことが多いようです。友だち同士で「今日は遊ぼう」と声を掛け合う時代から，母親に「今日は遊べる？」とスケジュールを確認する時代へと変わってきたのです。一方，保育所に行っている幼児は，午後5時以降に帰宅するのが普通ですので，公園などに行って遊ぶ時間はありません。兄弟姉妹がいれば，自宅でも遊ぶことができるかもしれませんが，小学生は学習塾へ行くことも多く，結局は一人遊びに興じることになります。きょうだい数も減ってきていますので，1人で遊ぶ機会がますます増えます。また，土日は，保育所も休みとなるところが多いですが，両親の仕事が休みとは限りません。大人の就労状況が多様になることは，子どもとの遊び時間を限定することとなります。このことも子どもの遊び時間に影響をおよぼしています。

　いままさに，子どもは忙しい毎日を送っているのです。さらに，遊びの時間に影響を与えているのが，安全の問題です。誘拐やいたずらなどの子どもの安全を脅かす出来事が増えたため，近所の

広場や公園へ1人で遊びに出かけることができなくなっています。また，通学路や遊び場に行くまでの路上での犯罪が増えているだけでなく，交通事故が心配されることもあり，子どもが1人で遊びに行くことができない状況になってきています。そうなると，親が連れ添って行かねばならず，ますます子どもの遊び時間は制約されることになります。

こうした子どもの遊び時間の減少に影響をおよぼしている要因は，睡眠時間の減少にも関係してきます。テレビ視聴やテレビゲームをする時間が増え，学習塾などの習いごとの時間も増えたことで，多くの子どもの遊び時間は減ってきています。そうなると，概して身体活動量も減ることとなり，結局，そうしたもろもろの要因から睡眠時間の減少へと波及していきます。

2) 遊び空間

2つ目の「遊び空間の変化」とは，遊び場がどう変化したのかということです。遊び場は，広場・公園スペース，空き地スペース，道スペース，アジト・がらくた置き場スペースなどに分類できます。広場・公園スペースなどの人工的な遊び場は年々増加傾向にありますが，空き地やがらくた置き場などの遊び場は減る傾向にあります。なかでもアジト・がらくた置き場スペースは安全面の点でゼロに近づけることが目標となっています。

親世代の方のなかには，道スペースつまり路上で遊んだ方も多いと思います。近所の道路上に周辺に住む子どもたちが何とはなしに集まってきて，いろいろな遊びに興じていたものです。自宅からすぐに行けて，のどが渇けばジュースを飲みに戻り，また遊びに加わることができました。道で遊んでいれば地域の誰かが見守ることができました。この道スペースでの遊びが極端に減った

ことは，交通量の増加や犯罪の多発の影響があるにしても，とても残念なことです。道スペースは，異年齢の子どもと一緒に，長時間，地域の人の安全の下で，遊ぶことができるということですので，この場を失ったことは，地域の人や物とのつながりを深める機会を少なくしたということです。

　道スペースで遊ぶことができなくなった今，子どもの遊びは，広場，公園，校庭などが中心となりました。そうすると，子どもだけでは行けなかったり，水筒やおこづかいを持参したりすることが必要となりますし，友だちと事前に約束しておくことも必要かもしれません。要するに，計画的に行動しない限り遊ぶことができなくなってしまいました。この結果もまた，遊びにいろいろな制約をもたらし，自発的，自主的な活動にも影響をおよぼすこととなります。

　遊び場の時代的変化に着目してみると，子ども世代，親世代，祖父母世代の三世代で遊び空間がどのように変化したかを調べた結果は興味深いものです。これを三世代遊び場マップと呼びます（図2-1a〜c）。同じ場所に住む3世代の方に，小学生くらいの子どもの時，どこで，どのような遊びをしたかを地図に印（黒丸で囲んだところ）をつけてもらいます。それぞれの図の真ん中の四角の中に自宅が位置します。この四角の自宅周辺を基準として，3つの図を比較してみてください。そうすると，親世代や祖父母世代では，川や神社などかなり広域にわたって遊んでいたのが，子ども世代になると自宅周辺に限られてきているようです。つまり，最近の子どもの遊び空間が狭くなっていると指摘できます。

　遊ぶ場所と地域が制限されたということは，山，川，森や林，空き地や広場など多様な場所で遊ぶことができなくなったことを意味します。そのことで，多様な遊びが失われたことになります。

第2章 遊びの「3つの間」の変化

かつては山へ行き山菜を集めたり，川へ行き魚を捕ったり，神社の森で昆虫をつかまえたりと，本当にいろんな遊びができたはずです。また，そうした場所までの道のりは歩いていくか，自転車で行くわけですので，活動量も増えます。さらに，いろいろな風景とも出会えることができたはずです。当然，子ども同士の会話は多様だったに違いありません。このように，遊び空間の変化は，

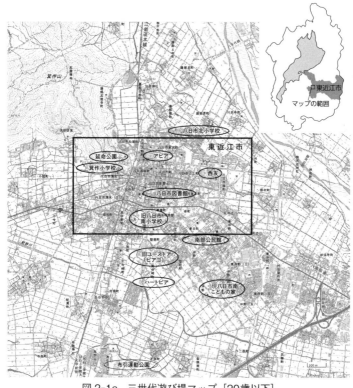

図2-1a 三世代遊び場マップ［20歳以下］
（奥田，他，2010 国土地理院地図をベースに改変）
遊び場が黒丸で囲んだところ。自宅は中央の四角の中に位置する。

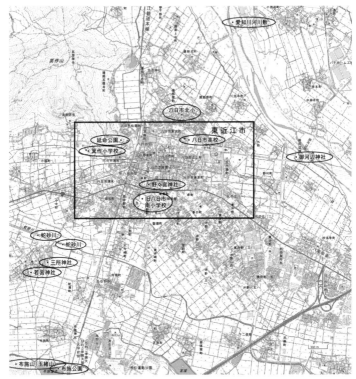

図 2-1b 三世代遊び場マップ [50歳代]
（奥田，他，2010 国土地理院地図をベースに改変）
遊び場が黒丸で囲んだところ。自宅は中央の四角の中に位置する。

第2章　遊びの「3つの間」の変化

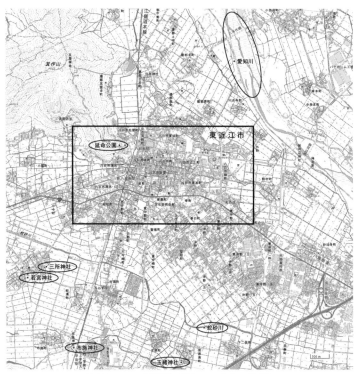

図2-1c　三世代遊び場マップ［70歳代］
(奥田，他，2010　国土地理院地図をベースに改変)
遊び場が黒丸で囲んだところ。自宅は中央の四角の中に位置する。

遊びの内容にも変化をおよぼすこととなります。

3）遊び仲間

　3つ目は「遊び仲間の変化」です。一緒に遊ぶ仲間の人数や，遊ぶ相手の年齢がどう変わったのかを調べてみると，遊ぶ人数が少なくなり，同じ年齢の友だちと遊ぶ傾向にあります。ベネッセの調査で，次のような驚く結果が示されました。幼稚園や保育所以外の場所で一緒に遊ぶ人は誰ですかという質問に対し，母親という回答が55％から86％へと年々増加してきた一方で，友だちという回答は56％から27％へと減少しています（図2-2）。ということは，幼稚園や保育所の降園後，友だちと遊ぶ子どもは約3割に満たないということです。幼稚園では延長保育（午後1時頃の降園が，午後3，4時頃の降園へ変わる）が導入，拡大されつつありますし，保育所へ通う場合は帰宅が夕方以降になりますので，近所の子どもと遊ぶことが時間的に制限されている現状があります。それにしても，子どもたちが同年齢の子どもと遊ぶことができない状況にあるということはかなり懸念されることです。

　要するに，友だちと遊ぶことができないことは，群れて遊ぶことが減ってしまったということです。群れて遊ぶためには，いろいろなルールを決めたり，そのために話し合ったりする必要があります。すると，リーダー役の子どもがいて，幼い子どもには特別なルールが必要だという場合など，遊ぶためのいろんな話し合いをしなければなりません。また，多くの子どもで遊ぶわけですから，ルールを覚えない子どもや途中で飽きる子どももいるはずです。ですから遊びをより面白くして遊ぶことも必要になるでしょう。そして，群れて遊ぶことは，「おしくらまんじゅう」に代表されるように身体的な接触も格段に増えるはずです。鬼ごっ

第2章 遊びの「3つの間」の変化

こにしても，捕まえるにせよ逃げるにせよ，より複雑な動きと判断力を必要とします。当然，もめごとやトラブルの発生も増えるので，それを解決しながら遊び続ける工夫も必要となります。

このように多くの友だちと，とくに年齢の異なる友だちと遊ぶなかで，子どもたちは自分以外にそれぞれ個性を持った他者がいることに気づき，それらの友人とともに営む集団生活の中で，他者と付き合っていく上でのふさわしい会話や行動のあり方を学んでいくのです。今，子どもたちが群れて遊ぶ機会が減っているこ

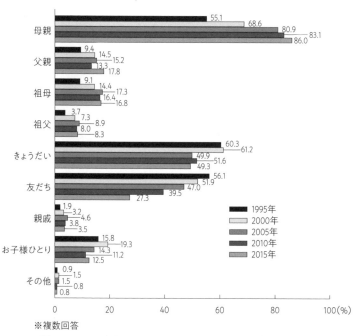

図2-2　平日に幼稚園・保育所以外で一緒に遊ぶ人の経年比較
（ベネッセ教育総合研究所「第5回 幼児の生活アンケート」）

とと，学校に馴染めない子どもが増えていることとは，あるいは
若者が会社をすぐやめてしまうといった社会現象とは，いくつも
出来事が連なって関係していると思われてなりません。

(奥田援史)

第3章　子どもの遊びと環境

1 消えた遊び環境

　2章でも紹介されていますが，子どもの遊び環境は変化しています。子どもの遊び環境について詳細な研究をした仙田（2009）は，遊び環境について，単に遊び場だけでなく，遊び時間，遊び集団，遊び方法などを統合的な環境として捉えることの必要性を指摘しています。仙田のいう遊び場とは公園や園庭，神社の境内など具体的な場のことです。これに遊びの方法（走り回って遊ぶとか，遊具を使って遊ぶなど）を加えた遊び空間という概念を用いて子どもたちの遊びを解釈しました。そして，子どもたちの遊び空間を，自然スペース，オープンスペース，道スペース，アナーキースペース，アジトスペース，遊具スペースという6つに分類したのです。

　1960年代頃までは雑然と廃材が置いてあったり，土管があったりという環境が少なくありませんでしたが，それ以降，子どもたちの遊び環境は大きく変化しました。仙田の研究では，1970年当初は遊具スペースを想定していませんでしたが，1973年の調査で遊具スペースを入れざるを得なくなったと述べています。このことから，遊具のある公園に遊び環境が集約され始めたのはこの頃であることが読み取れます。

　2000年以降，かつて原っぱだった土地は住宅地に変化し，都会には田んぼや畑を見かけなくなりました。また，空き地はほとんどなくなり，仮にあったとしてもそこで遊ぶことはあまり許されていません。また，廃材が置いてある場所や空き家もあまり見かけなくなっています。そして道には車が溢れており，学校では道で遊ばないように「指導」がなされています。こうして見てみると，この40〜50年間で仙田が分類した遊び空間を見かけるこ

第3章　子どもの遊びと環境

とはほとんどなくなりました。かろうじて残っているのは遊具スペースです。子どもたちの遊びは遊具スペースに押し込められてしまっている感があります。

その遊具スペースも，必ずしも子どもたちにとって遊びやすい環境になっているとは言い難いようです。一部の公園には新しい大型遊具が設置されたりして，子どもが楽しそうに遊んでいる様子も見られます。しかし，住宅街の中にある児童公園はそうでもなさそうです。

子どもたちの視点に立って見てみると，最近の公園が使いにくい理由は2つありそうです。1つは「多くの禁止事項がある」ことです。以前，大学のゼミに所属している学生たちと一緒に，自宅近くにある12の児童公園を回って調べたことがあります。そこでわかったのは，そのほとんどの公園で，ボール遊び，自転車の乗り入れ等が禁止されていたことです。公園近くに住んでいる方に話を聞くと，昔は多くの子どもが遊んでいたといいます。しかし，最近は誰も使っていないとのことでした。その方によれば，夕方にギャーギャー騒がれると，とにかく生活できないくらいうるさくてたまらなかったそうです。

もう1つは，遊具がないことです。遊具の撤去は，2000年代に入ったころから顕著になり始め，いまも次々と撤去が続いています。ひとたび遊具が撤去されると，その近隣の公園でも同型の遊具が撤去されることになり，そのエリアからは同型遊具が消え去ることなります。その模様はNHKの番組でも取り上げられたほどです（『ドキドキ・ヒヤリで子どもは育つ～遊具プロジェクトの挑戦』NHKスペシャル，2007年2月18日（日）21：00～21：50放送）。この番組が伝えるところでは，年間300～400台もの遊具が撤去されているとのことです。いまから30～40年ほど前，ぶ

63

らんこ，ジャングルジム，鉄棒，滑り台，箱型ブランコ，回転式
ジャングルジム，シーソー，砂場などは，少し大きな公園であれ
ば必ずあったように思います。ところが，最近の公園では，箱型
ぶらんこや回転式ジャングルジムは見かけなくなりました。ぶら
んこが撤去されている公園も少なくありません。

　こうして遊具スペースもなくなり始めているということは，仙
田がまとめた6つの遊び環境が，今やほとんどすべてなくなって
しまっているということになります。これらの環境変化は，遊び
環境の劣化ではなく，「遊び環境の消失」とさえ言えそうです。

　社会が発展するに従い，道路や住宅，商業施設などが整備され
ていきます。かつて雑然としていた環境は整えられ，子どもたち
がこっそり入り込んで遊べる場ではなくなってきています。この
ようにすべての環境を整備し管理することで，私たちは知らず知
らずのうちに子どもたちから遊びを奪ってしまっているのです。

　炭谷は子どもの遊びを研究しています。そのために，「いまの
子どもたちは遊べなくなった」とか，「公園に出てゲームをして
いる子どもたちをよく見かける」というような訴えをよく耳にし
ます。そんな時，私は「それでは，いまこの地域で子どもたちが，
どこで，何をしたら楽しいかを考えてみませんか？」とか，「子
どもたちの立場に立って，何をして遊んだら良いかを考えてみま
せんか？」と提案をします。すると多くの大人たちは，いまの子
どもたちは“遊ばない”もしくは“遊べない”のではなく，“遊
ぶ場所がない”のだということに初めて気づくのです。

　元幼稚園の園長で写真家の宮原洋一は『もうひとつの学校――
ここに子どもの声がする』（新評論）という著書の中で，昭和40
年代半ばの子どもたちの遊び場の様子をまとめています。空き地，
道路，境内，ゴミ捨て場，資材置き場など，現代では遊び場とし

て認識されていないような場所で，子どもたちは自分たちでいろいろと工夫をしながら遊んでいました。まさに，原っぱのような遊び場が町の至る所に存在したのでしょう。

現代では，このような「地域の隙間」のような場所はほとんどありません。地域によっては，道路での遊びを禁止するよう指導している小学校もあります。子どもたちには自分たちの力で能動的に工夫する余地のある原っぱがありません。その代わりとしてあるのは児童公園です。児童公園が決して悪いわけではありませんが，児童公園は大人の都合によって作られています。狭く，限られた遊具だけしかなく，禁止事項だらけです。子どもたちは，児童公園で目一杯遊べるでしょうか？　ちょっと遊んだら怒られる場所でしかないのではないでしょうか（仙田，1992）。

このような環境にいることが当たり前になると，子どもたちはどうしても受け身にならざるを得ません。ついゲームで遊んでしまう。テレビを見てしまう。これは大人が子どもたちに用意してきた環境の帰結なのかもしれません。

2　遊び環境のデザイン

ここで「アフォーダンス」という概念をご紹介します。アフォーダンスとは，アメリカの心理学者ギブソンが提唱した概念で，生体（私たち人間を含む生き物）の動きと一体に定義される対象（環境）の性質のことを指します。

英語でアフォード（afford）という単語は「与える」とか「許容する」という意味を表しますが，アフォーダンスとは，それを名詞の形にしたギブソンの造語です。環境が私たちに与えてくれるもの，行動を許容してくれる環境が持っている力（特性）と考

えると良いでしょう。例えば，椅子は私たちに「座る」とか「立つ」という行為の可能性を与えてくれます。ボールは「蹴る」とか「投げる」「捕る」という動きの可能性を与えてくれるわけです。場やモノが持つ力や可能性と言い換えても良いかもしれません。

このアフォーダンスは，私たちが「動く」ことによって無限に発見されます。例えば，砂場遊びでは，子どもたちは最初に山を作ろうと砂を積み上げたりします。山を積み上げているうちに，その脇に砂が掘られた跡が凹みとして存在することに気づきます。その凹みは水をためたり，橋を渡したりする可能性を持った空間です。子どもはそれに気づき公園内にある水道から水を汲んでそこに注ぎます。このように行為をつなぐうちに発見され生かされるという特徴がアフォーダンスにはあります。

また，動く人の発達段階や動く能力によっても見出されるアフォーダンスは異なります。例えば，シーソーで遊んでいる子どもたちであれば，最初はシーソーの両サイドに座ってぎったんばっこんと上下運動を繰り返します。少しずつこの遊びに慣れてくると，次にシーソーでの座る位置を変化させたり，勇気のある子は上に立ったりします。そして，シーソーの上を歩いて逆側に移動したりもします。最終的には，1人でシーソーの中央付近に立ち，左右の足に交互に力を入れることで「一人ぎったんばっこん」を完成させたりするわけです。最初は2人いないと遊べないと思っていた遊具が，遊んでいるうちに1人で扱う可能性を見出すわけです。環境と知覚する人の双方がお互いの関係性の中で持つことができる特性なのです。

子どもたちが楽しいと感じる遊び場とは，このアフォーダンスが豊かにある場所ではないでしょうか。遊んでいるうちに新しい遊び方を考え出すことができたり，いままで使っていた方法では

第3章　子どもの遊びと環境

なく，違う遊び方を可能にしてくれたりする環境は，子どもたちにとって飽きることがない遊び場だと言えます。

　一方で，一般的な児童公園などにある遊具は比較的遊び方が決まっています。一見すると楽しく，子どもたちもちょっとの間は元気に遊ぶのですが，遊び方が決まりすぎている（子どもが遊具の持つアフォーダンスを見つけにくい）ため，他に工夫する余地が生まれにくいという側面があります。

　ルイヴィトンのニューヨーク店や表参道店を設計したことで知られる建築家の青木淳は，建築の種類を2つに大別して，「原っぱと遊園地」と称しています。原っぱとは，そこで行われることでその中身が作られていく建築のこと，遊園地とはあらかじめそこで行われることがわかっている建築のことです。昭和の半ばころまでの子どもたちは本能的に原っぱを好んでいました。漫画『ドラえもん』のように，子どもたちはとりあえず原っぱに集まりました。別に野球をしに行くわけではありません。ドッヂボールをしに行くわけでもありません。何かの目的があってその場に行くわけではなく，とにかくそこへ行って，そこにいるメンバーや人数をみて遊ぶ内容を決めたのです。決して原っぱそのものが楽しいわけではない。しかし，毎日のように新しい遊びを開発し，ルールを変更していました。なんらかの理由でしばらくそこに行かないと，みんながどんなルールで遊んでいるかを把握するまでにしばしの時間が必要だったくらいです。

　遊園地は何をするかが決められていて，他に選ぶ余地がありません。行為者は遊具が提供する機能を享受するのみで，能動的に関わる可能性はほぼありません。つまり，遊園地は場のアフォーダンスが限定的だと言えるのかもしれません。一方で，原っぱは広い平面があるだけで，あらゆる行為を許容してくれるという特

67

徴があります。行為者は何をするか，どのようにするか，何を使うかなどを決定する猶予を与えられています。いわば，行為者と空間のパワーバランスが取れている感じと言えるでしょう。子どもたちが能動的に，自分たちで工夫しながら遊ぶためには，このパワーバランスが取れている，原っぱのような遊び場が必要なのかもしれません。

3 能動的な遊びの意義

佐々木（1987）は，それまで心理学で考えられていた「私たち人間が，どうやって物事を認識しているか」（認識論）について考え直し，私たちは動くことで環境（外界）を認識していると論じました。その中でも，とくに興味深いのは「むかう」アクションと「見え」の成立に関する考察です。

佐々木は1963年にヘルドとハイン（Held & Hein, 1963）が行ったこんな実験を紹介しています。誕生時から暗闇の中で母ネコとともに育てた同腹の子ネコ5対に，特殊な状況下で「見る」体験をさせました。対にされたネコの片方は装置内のどこへでも自ら移動してゆくことができる（右：以下「自由行動ネコ」とする）のですが，ゴンドラに乗せられたネコ（左：以下「制限行動ネコ」とする）は，いつももう1匹のネコのつくりだす動きに従う移動体験しかできないように制限しました。どちらのネコも明かりの体験は同じ量で，1日3時間「見る」体験をさせました。両者の違いは，自由な移動が与えられたか，制限されたかだけです。つまり，制限行動ネコの視覚世界の変化は，つねに自由移動ネコの動きに依存することになります。

さて，このような実験状況で育てられたネコはどのような育ち

方をするでしょうか。実験では，3つの条件下で「見え」の成立が確認されました。3つの条件とは，以下のとおりです。

・実験者がネコを両手で持ち，ゆっくりと机の上に下ろす状況（もしネコがちゃんと見えていれば，足で机の面の近づきを予測するように着地姿勢を取るはずです）

・実際にはガラスの板に覆われているが，見え方としては途中から床がなくなって落ちてしまいそうに見える「視覚的断崖」状況（もしネコがちゃんと見えていれば，断崖に見えるところで歩みを止めるはずです）

・突然目の前に人の手が現れる状況（もしネコがちゃんと見えていれば，瞬目反応，いわゆる「まばたき」をするはずです）

10日間の実験後，自由行動ネコは，上記の条件でいずれも見えていることを示す行動をしていたので，彼らが見えるように

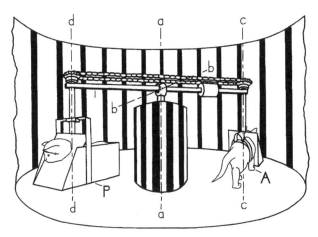

図3-1 「見え」の制限実験の様子（Held & Hein, 1963）

なっていたことがわかりました。しかし，制限行動ネコの場合，いずれの猫もいかなる行動の徴候も示さなかったのです。つまり，自発的な行動を制限された制限行動ネコは，自由行動ネコと同じような明かり体験をしていたにも関わらず，「見る」行動を1つも形成できなかったのです。

　この実験は，動物のどんな特徴を明らかにしているでしょうか。制限行動ネコと自由行動ネコの違いは行動の質にありました。どちらのネコも，ゴンドラでつながっていますので，行動の量は同じです。違うのは，その行動が自発的に行われていたか，受動的に「やらされて」いたかという点でした。

　実験を行ったヘルドはこの結果から「自らが引き起こす動きにともなう視覚的なフィードバックが，視覚−運動行動の成立に不可欠である」と結論付けました。制限行動ネコは，自分の意思で動き，その結果としての視覚的な変化を経験することがなかったのです。そこになかったのは「能動性」でした。この実験からわかることは，からだの動きの能動性が環境（外界）と知覚者をつなぐ機能を果たしているということです。

　子どもは遊びから多くのことを学ぶと言われています。実際に，私たちも子どもたちの身体的，心理的，社会的な成長を期待して，子どもの運動遊びの内容を考えています。しかし，私たちが自覚していなくてはいけないことは，遊びはあくまでも遊びであり，教育ではないということです。

4　からだを動かす遊びと学習

　宮丸（2011）は，学習活動と学習過程の違いを明確に意識して，遊びと教育を混同しないように注意喚起をしています。学習活動

とは，学習過程が起こることをめざして行われる活動のことです。学習過程とは，学習者の経験したことが身について，必要な時に役立てることができるようになるまでのプロセスのことを言います。つまり，学習活動をしても学習過程が生起しない場合もありますし，学習活動でない経験（例えば，遊び）であっても，結果的に学習過程が起こる場合もあります。

　学習過程が起こる場合の「学習の型」には，次の3つがあると言われています。

・意図的学習：あることを身につけようとして，行動や経験をした結果，そのことが身につく場合。

・付随的学習：あることを身につけようとして，行動や経験をした結果，別のことが身についてしまう場合。

・偶発的学習：身につけようという意図なしに，行動や経験をした結果，あることがらが身についた場合。

　遊びの中に学びがあるという言説は，これらの学習の型を区別せずに考えていることの結果と言えます。子どもたちは，遊びという経験の結果として偶発的に学んでいるのであり，そのことは事後的にしかわからないのです。

　ある経験をしたことで学ぶ子どももいれば，学ばない子どももいます。しかし，それはその子たちの優劣を決めるものではまったくありません。その子の興味や関心，その時の気分，体調等々，本当に多くの要因によって偶発的に決まるものだと言えます。

　幼児期の遊びについて，宮丸（2011）が説明しているからだを動かす遊びの「直接的なねらい」を紹介します。直接的なねらいとは，「からだを動かす遊びでなければ養えない重要なねらい」のことです。宮丸は次の5つのポイントを指摘しています。

　　・子どもの運動欲求・運動衝動を満足させること

やりたいと思う運動を，やりたいと思うだけ楽しむことをめざし，制限・制約されないで遊べることが重要です。

・多様な基本的な動きを習得すること

全身的な動き，部分的な動き，あるいは，移動系の動き，平衡系の動き，操作系の動きなど，偏りなく，幅広く身に付けることが大切です。

・運動能力や体力の発達を促すこと

運動遊びの結果として運動能力や体力の発達が促進されます。すなわち，運動遊びにある程度の運動量・活動量が求められます。

・からだを動かす遊びの種類や遊具の使い方を知り，身に付けること

一人遊びや仲間との遊びなど，季節や条件に応じて多種類の運動遊びを経験することが大切です。また，いろいろな遊具をいろいろに扱い分けて使えるようにすることが重要です。

・運動に関する安全の態度や習慣を養うこと

からだを動かす遊びには危険がともないます。しかし，それを恐れていては遊びは成立しません。子どもたちはルールを守り，安全に十分注意して遊ぶ習慣や態度を身に付けることを求められているのです。

ガラヒュー Gallahue, D. L.（1993）は，これらの直接的なねらいのことを "Learning to move"（運動することを学ぶこと）だと述べています。遊びはこれらの "有効性" を超えたところで成り立つものであり，何のためでもなくただ遊ぶことだけにねらいがあるという批判もあり得るでしょう。たしかにそのとおりではありますが，子どもの遊びが子どもだけで成立しにくくなっている現代社会においては，大人が遊びの意義を知っておくことは大切

なことです。それは大人が子どもの遊びをコントロールすること
を意味するものではありません。いま求められているのは，遊び
の直接的なねらいを理解した上で，子どもの遊び環境を積極的に
整え，子どもが遊んでいる時は，口も手も出さずに“見守る”と
いう態度なのです。

　宮丸（2011）および中村（2010）は，就学前に身に付けたい基
本的な動きとして，「歩く」「転がる」「投げる」など36の「基本
的運動」を提案しています。古くはさらに詳しく84の動作に分
類したものもあります（体育科学センター，1980）。

　これらの動作は2類型3系統に分類できます（宮丸，2011；中
村，2010）。

　類型Ⅰ：自己の身体を操作する型
　　第1系統：非移動系（平衡系）の運動：「立つ」「かがむ」「寝
　　　　　転ぶ」「転がる」など9種類の動作
　　第2系統：移動系の運動：「歩く」「走る」「スキップをする」
　　　　　など9種類の動作
　類型Ⅱ：他者を操作する型
　　第3系統：操作系の運動：「かつぐ」「はこぶ」「ささえる」
　　　　　「つかむ」など18種類の動作

　体育科学センターは，幼児期の運動習得で大切なこととして
「できるだけ多様な運動を幅広く身に付けること」をあげ，「運動
の習得に偏りがあったり，まったく未経験な運動が多くなる弊害
は避けなければならない」としています。子どもたちは，多くの
運動を習得することにより，自発的に環境を探索できるようにな
ります。

図3-2　子どもたち自身の手で準備をしたり，
片付けをしたりするのも遊びのうち

　小学生くらいになってくると，直接的なねらいだけでなく，間接的なねらいも重要になってきます。ここでは，宮丸（2011）を参考にして，運動遊びの間接的なねらいをご紹介します。
・知覚・認知・認識の発達を促すこと
　　運動遊びの中で知能を働かせ，言語的能力，空間的・時間的認知能力，論理的・数学的能力，造形的・音楽的能力など，広く認知的領域の発達を促すことが重要であり，ほかの活動とは異なる「運動遊び特有な認知力の養成」が期待できます。
・社会性・人間関係の発達を促すこと
　　仲間との運動遊びの中で，人間関係や社会関係を理解したり，それに基づく社会的行動ができるように発達を促すことが重要です。
・望ましいパーソナリティーの形成を促すこと
　　運動遊びを通して，他者や自己の感情を理解し，自己の感情をコントロールすることができるように促し，望ましい自己概念の形成を促進することを大切なねらいとして位置付けることができます。

第 3 章　子どもの遊びと環境

図 3-3　どうやったら楽しくなるかを子ども自身が考え，相談し，つくることが学びにもつながる

・望ましい健康に対する習慣・態度を養うこと

　運動遊びに関連して生じる保健・衛生に関する習慣・態度（洗顔，手洗い，着替え，怪我の治療等）を養うことです。

　これらは決して運動遊びの直接的なねらいとは言えません。むしろ，子どもの自発的・主体的な活動や経験を通して獲得が期待されるものです。しかし，遊びの中で起こりうる「学び」であり，Gallahue, D. L. (1976) は「運動を通しての学び」（Learning through movement）として重視しています。われわれ大人は運動遊び環境を作り，子どもたちの遊びと接する中で，これらの間接的なねらいを念頭に置いて，それらの行動を促す工夫をしなければならないと言えます。

（炭谷将史）

第4章　子どもを魅了する幼稚園・保育所

1 川和保育園

　横浜市都筑区川和町。最寄駅から車が行き交う道路沿いを歩くこと10分弱。突然鬱蒼とした森が右手に現れます。森の中からは子どもたちが遊ぶ声がかすかに聞こえます。その場所の名は川和保育園。この保育所は「園庭保育」を提唱し，園庭を第二の保育室と捉えて園庭にたくさんの工夫をしています。

1) じゃぶじゃぶ池

　園庭を見回すと，あまり見たことのないようなおもしろそうな遊具がいたるところにあります。毎年夏になると，園庭の広場を仕切って大きな池が出現します。この池は，100㎡はあろうかという広さで，カヌーやサーフボードなども浮かべられるようなサイズです。川和保育園の園庭はすべて山砂でできています。とくに広場の山砂は踏み固められていて適度な保水性があるため，このような池を作ることも可能なのです。

　また，この池を作ることを可能にしているのは地下水の存在です。深さ40mの地下から組み上げられた清らかな水を水源とする小川が園庭をぐるっと囲むように流れています。この水を活用してじゃぶじゃぶ池を作るのです。

　じゃぶじゃぶ池の真ん中には，大きな屋根の付いたジャングルジムがあります。そのジャングルジムの横には井戸水を汲み上げるときに使うようなポンプがあり，それを上下させると頭上にある蛇口から水が吹き出る仕掛けがあります。さらに小型のボートやサーフボードなども置いてあり，子どもたちはこれらを使いながら，大声を出してはしゃいでいました。

　実は，川和保育園にはこのじゃぶじゃぶ池とは別に本格的な

第4章　子どもを魅了する幼稚園・保育所

図4-1　真ん中にジャングルジムが置かれた川和保育園のじゃぶじゃぶ池

図4-2　じゃぶじゃぶ池の真ん中に置かれるしかけはさまざまに変化する
　　　（この時は井戸のポンプ）

図4-3　じゃぶじゃぶ池で遊ぶ子ども

79

プールが設けられています。ログハウスからウォーター滑り台まである，かなり本格的プールです。そのため，身体が浮く感覚を身につけたり，泳ぐための身体操作を習得するのは，このプールを使って行われているようです。一方，じゃぶじゃぶ池での遊びは水遊びが中心です。中央に置かれているジャングルジムを中心にした島と，そこに設置されている放水装置，島に渡るための丸太橋，各種ボートなどを駆使して遊ぶのです。

2) ツリーハウス

　さらに園庭を奥に進むと，頭上にツリーハウスが現れます（図4-4）。このツリーハウスは，イチョウの木の上に建てられています。下から最初に登る玄関部分には短いロープが垂れていて，そのロープに捕まる身長になった子どもしかチャレンジできない仕掛けになっています（図4-5）。子どもたちは，そのロープに捕まり，いくつも伸びた太い枝を使ってよじ登ることができたとき，初めてツリーハウスの住人になれるのです。しかも，このツリー

図4-4　木に囲まれてたたずむツリーハウス

第4章 子どもを魅了する幼稚園・保育所

図 4-5 ツリーハウスの登り口から上がる女の子と順番を待つ男の子

図 4-6 ツリーハウス 2 階のハンモックでくつろぐ男の子

ハウスは2階建。1階部分は比較的広く，10名くらい乗っても大丈夫な作りになっています。そして2階部分にはハンモックもかけてあり，本棚があります（図4-6）。暖かな木漏れ日の中でお昼寝をしたり，絵本を読んだりして過ごすことができます。

3) スモーランド（大型複合遊具）

ツリーハウスを降りて左に進むと，次に見えてくるのはスモーランドと呼ばれる複合遊具です（図4-7）。この遊具は，ただの遊具ではありません。なんと1階部分にはヤギや烏骨鶏が飼われていて，子どもたちの遊びを見守り，時には遊び相手にもなってくれます（図4-8）。子どもたちは動物が大好きです。遊びながら動物に声をかけ，ときには動物といっしょに遊んだりします。このスモーランドは動物が当たり前に一緒に暮らしている場所なのです。スモーランドは3階建てになっており，2階部分にはトランポリンが設置されています。子どもたちは，このトランポリンで飛び跳ね，トランポリンの上に設置されている格子状のロープに飛びついたりして遊ぶところを見せてくれました。格子状に張られたロープは，トランポリンの横にもあり，3階部分につながっています。

4) だいもれ（傾斜付き砂場）

スモーランドの横には「だいもれ」と呼ばれている立体砂場があります（図4-9）。ここに置かれている砂は山砂だそうです。名前の由来は，山砂を使ってダムをつくり，決壊させて遊ぶことにあるそうです。だいもれの高さは2m以上。最上段にはくつろぎスペースもあり，横には滑り台もあります。これも手づくりの複合遊具です。だいもれにはいろいろなところに段差があります。

第 4 章　子どもを魅了する幼稚園・保育所

図 4-7　スモーランドは隣の遊具ともつながっていてロープ橋を渡って入ることも可能

図 4-8　スモーランド 1 階部分には烏骨鶏が飼われている

図4-9 だいもれの全景。園児たちが竹筒を使って水路を作った様子が残っている

図4-10 水を流しながらダムや水路をつくる子どもたち

第4章 子どもを魅了する幼稚園・保育所

この遊具の楽しみはつくることにあります。この遊具の特徴は傾斜があり，ところどころに段差があることです。それらの特徴を活かして発想を膨らませて，作っては壊し，壊しては作ることを繰り返しているのです（図4-10）。

5) ジャングルジム

　川和保育園の園庭にある遊具には，特別変わったものだけではなく，一般的な公園にあるようなものもあります。このジャングルジムもそうです（図4-11）。ところが，一般のジャングルジムとは違います。ジムの中腹には板が渡してあり，さらに大型の木製ブロックが横に固定されているため，子どもたちはそこに座ってままごとをしたりもできるようになっています（図4-12）。また，木製ブロックには大型の板が斜めに立てかけられているので，滑り台としても使われます（図4-13）。この滑り台は横幅が広く，材質も適度に抵抗感があることから，滑るだけでなく，登ることにチャレンジすることもできます（図4-14）。

　この遊具もまさに建築家の青木淳が指摘するところの「原っぱ」のような遊具です。ジャングルジムの機能を残したまま，さまざまな遊びの工夫を能動的にすることを可能にするような工夫がたくさんなされているのです。

6) 川和保育園の素晴らしさ

　川和保育園の素晴らしさは一言では伝えきれません。あらゆるところに園長の願いや園児たちへの愛情が込められています。川和保育園には多くの見学者の方が来られます。その方々とお話していると，ほぼすべての方がこの保育所の園庭を好きになり，自分の園でもこういうことをしたいとおっしゃいます。しかし，8

図 4-11　ジャングルジムの中ほどに板がかかっていて，子どもたちはそこに座ってくつろいだり，遊んだりする

図 4-12　ジャングルジムでのんびりとままごとをして遊ぶ子どもたち

第4章 子どもを魅了する幼稚園・保育所

図4-13 ジャングルジム横に斜めに立てかけられた板の滑り台で遊ぶ子どもたち

図4-14 ジャングルジムの滑り台を登る子どもたち

図 4-15　園長が作ってきた園庭に抱かれて遊び込む子どもたち

図 4-16　遊び込む子どもたちを見守る寺田園長

第 4 章　子どもを魅了する幼稚園・保育所

〜 9 割くらいの方が「でも……」とおっしゃるのです。「ここまでできない」「保護者の協力が得られない」「行政が許してくれない」等々，おそらくできない理由はたくさんあげられます。

　川和保育園の寺田園長も初めからうまくいったわけではありません。最初からイメージがあったわけではなく，失敗もたくさんしたそうです。試行錯誤を繰り返し，反対を受け，さまざまなことを乗り越えて現在の状態になっているということです。寺田園長は，制約があったからこそ，この環境を作ることができたと著書の中で言っています（寺田・宮原，2014）。とくに大きな制約だったのは，ある時事情があって園庭を半分の広さにしなければならなかったことだったそうです。遊ぶスペースを半分にするというのは本当に大問題。園長は頭を悩ませたそうです。そこで，至ったのは面積が半分になるのなら，遊ぶ場所を上に伸ばして面積を確保すれば良いという発想でした。

　「できない」と言っていたら確かにできません。私たちが学ぶべきは，制約の中で子どもたちの遊びのことを考え，発想したこの寺田園長の精神なのではないでしょうか。

2　水口幼稚園：大型木製遊具「冒険の森」

　滋賀県甲賀市にある水口幼稚園は，1937（昭和 12）年に開設された定員 100 名のキリスト教系の幼稚園です。水口町の中心街にほど近い約 350 坪の土地に，園舎・園庭・教会がこぢんまりと整い，落ち着いた風情を漂わせています。

　この園の特徴は，なんといっても大型木製遊具「冒険の森」です。小さな門を開けて園庭に入ると，高さ約 5 m，長さ 13 m，

89

図 4-17 冒険の森の全景。右上が「陽だまりの家」

図 4-18 冒険の森を園舎側からのぞむ

奥行 3.6 m の大きな冒険の森が私たちを出迎えてくれます（図4-17，図4-18）。

1）冒険の森誕生前夜

　水口幼稚園にはもともと，鎖型ハシゴや滑り台などの付いた複合型の遊具と，それに隣接するジャングルジムがあったそうです。子どもたちはジャングルジムと複合遊具を渡って移動するスリルを楽しんでいました。しかし，時間が経つにつれて，少しずつ遊具は朽ちていきます。谷村園長は考えたそうです。「屋根の上で空を見ながら，風を感じながらお弁当を食べたい」と。そこで，最初は園舎にテラスをつくり，園庭にある松の木にツリーハウスを建てようと計画しました。その途中で，ある木工作家さんと運命的な出会いをします。谷村園長はこの方の作品に惚れ込み，さらに夢が膨らんだそうです。その後は作家さんにお任せしながらも，職員みんなで安全基準について考えるなどして，総がかりでこの冒険の森を作って行ったそうです（図4-19）。

2）冒険の森の子どもたち

　冒険の森にいる子どもたちは，いろいろなことをして遊んでいます。クライミングウォールや登り棒などを使って高さにチャレンジしている子（図4-20，図4-21，図4-22），「陽だまりの家」やその下の砂場などでごっこ遊びをする子（図4-23，図4-24），ストライダーを駆って縦横無尽に走り回る子（図4-25，図4-26），竹馬をする子（図4-27）などなど，みんな自分がやりたいことを見つけ，時には友だちと，時には1人で遊んでいます。

　冒険の森には，ルールが2つあります。1つは柵に登らないこと。もう1つは上で人を押さないことです。この2つさえ守って

図4-19 冒険の森にかかっている滑り台

図4-20 滑り台の上から下をみるとかなり高い感じがする

図4-21 園舎側にあるクライミングウォールを登る女の子

第 4 章　子どもを魅了する幼稚園・保育所

図 4-22　登り棒を使って高さにチャレンジしようとする女の子

図 4-23　陽だまりの家の内側。真ん中にある鉄製の筒を使って階下の友だちとおしゃべりができる

図 4-24　冒険の森の下でままごとをする子どもたちの様子

図 4-25　上手に他の子の間をストライダーで通り抜ける

図 4-26　冒険の森の下をストライダーで通り抜ける子はけっこう多い

図 4-27　竹馬で歩き回る子

図 4-28　冒険の森にかけられたロープは子どもたちにとってはブランコ

第4章　子どもを魅了する幼稚園・保育所

いれば，あとは自由に何をして遊んでもよく，自分で工夫することができます。私が初めてこの冒険の森を見に訪れた時，少し驚いたことがありました。それはストライダーに乗った子が複数，けっこう速いスピードで走り回っていたことです。「ぶつからないのだろうか？」という怖さを感じるくらいのスピードですが，乗っている子も他に遊んでいる子たちも意に介することもなく，平然と遊んでいました。先生に「ぶつかったりすることはないのですか？」と尋ねてみましたが，「ほとんどないですね」という答えでした。

3) 冒険の森を支えているのは？

　本来，子どもたちは自発的に遊ぶものです。水口幼稚園の谷村園長は「どうしても冒険の森に目が行きがちですけど，私たちにとっては"子どもたちが自発的にいきいきと遊べる場を作ろう"とした結果として，いまの形になっているんですよ」と教えてくれました。子どもたちが本来持っているはずの自発性は，「出せ！」と言われても出るものではありませんし，そもそも「出せ！」と言われて出てきたものを自発性とは言わないでしょう。谷村園長は，子どもたちが自然と遊んでみたくなる環境をつくり，子どもたちが発見をしたり，さらに遊びを発展させたりするのを待っていると言います。

　ですから，水口幼稚園では冒険の森以外にも心がけていることがあるそうです。その1つは，「子どもだましはやめよう」ということです。子どもと遊ぶときは大人も本気で楽しみ，なるべく良いものを見せるように心がけるそうです。その一例が泥団子です。先生が子どもと一緒に泥団子を作るときは先生も本気です。そして，誰にも真似できないようなテッカテカに黒光りする泥団

95

図 4-29　さまざまな道具を使って，発見しながら自分たちで遊びをつくる子どもたち

第4章　子どもを魅了する幼稚園・保育所

図4-30　子どもと先生がお餅を食べながらおしゃべり

図4-31　先生たちはチャレンジしようとする子を見守る

図4-32 ロープ登りにチャレンジする子に声をかけながら見守る先生

子を作ることをめざすのだそうです。面白いもので，驚くほど綺麗な光沢のある泥団子を先生が作ると，子どもでも同じくらい美しい泥団子を作る子が誕生するそうです。でも，先生が作れないときは子どももダメ。なんででしょう？　子どもたちは先生の姿を観察し，コツを盗んでいるのかもしれませんし，「先生よりもきれいなのを作ってやる！」という気持ちを持つようになったのかもしれません。いずれにしても，子どもたちは誰に何を言われることもなく，極上の泥団子を完成させるのです。

　もう1つは「むやみに子どもに触らない」ことだそうです（図4-33）。ものすごく重大な命に関わるような危険（ハザード）はあらかじめ排除しておき，多少の危険は子どもが自分で考えて乗り越えるようにする。先生たちは，基本的にはすべて言葉で伝える

第 4 章　子どもを魅了する幼稚園・保育所

図 4-33　むやみに子どもに触らない

ように心がけているそうです。身体に触って方向づけをすることは強制であり，(少し強い言い方ですが) 拘束です。子どもの自発性を尊重する教育とは真逆の行為と言ってもよいでしょう。それは先生が子どもたちの遊びを見守る場面にも現れています。私が見学した限りの話ではありますが，先生が子どもたちの遊びに直接手を貸して遊んでいる場面をほとんど見た記憶がありません。近くで見守り，いざという時に手を貸せる準備をしていることはあっても，「登らせてあげる」とか「手や足を持ってあげる」ということはありませんでした。これも子どもが自分でやり，自分で成功する自発的な遊びにつながっているのだと思います。

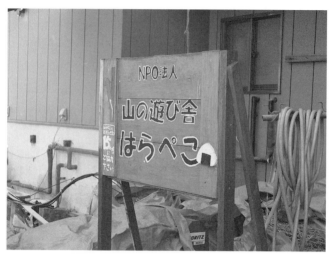

図 4-34 山の麓にある古民家を拠点に活動する「山の遊び舎はらぺこ」

3 森のようちえん：山の遊び舎はらぺこ

　森のようちえんと聞いて，何を想像されるだろうか？　森の奥深くに入って自然の中で泥んこになって遊び，木に登り，木ノ実を食べ……という感じでしょうか？　それだと正解であり，不正解なのです。そもそも森のようちえんとは何なのでしょう？

　具体的な活動を知っていただくとより理解が深まるでしょう。ここでは，長野県で活動をする NPO 法人「山の遊び舎はらぺこ」（以下，はらぺこ）をご紹介し，その一端を知っていただくことにしましょう。

1）はらぺこの概要

　「はらぺこ」は山の麓にある古民家を拠点として活動している

第4章　子どもを魅了する幼稚園・保育所

図4-35　釣った魚を干して子どもたちと一緒に食べる

森のようちえんです（図4-34）。園舎の中に入ると，写真のとおり，ワイルドに吊るされた魚が出迎えてくれました（図4-35）。

　はらぺこは保護者が運営する森のようちえんで，長野県が認定している「特化型」の1つです。毎日数人の保護者が参加し，代表で保育士の小林さんとともに保育にあたる形態をとっています。

2）はらぺこの遊び

　はらぺこの遊びは外でも中でも展開されています。豊かな自然に抱かれた子どもたちはのびのびと遊んでいます。何といってもここの遊びの醍醐味は自然遊びでしょう。とくにさまざまな生き物との出会いは子どもたちをワクワクさせてくれます。仙田（1992）は，自然遊びは単に木や水があれば良いわけではなく，

図 4-36　木から吊るされたロープのブランコは大きく揺れてスリル満点

図 4-37　この日はみんなで山の中に入って遊びました

第 4 章　子どもを魅了する幼稚園・保育所

図 4-38　途中にあった倒木を潜って進む男の子

図 4-39　山道を抜けると野原に出た。そこで急に走り出す子たち

図 4-40　木工場の入り口とその前に積まれている木材

そこに生物が生活していなくてはならないし，その生物たちとの関係こそが自然遊びだと言っています。そういう意味で，ここはまさに自然の宝庫なのです。生き物との出会いがたくさんあります。多くの虫，近くの川にいる魚たち，そして時にはシカに出会うことさえあるそうです。それだけでなく，子どもたちが大好きな遊具遊びのようなこともできます。公園のブランコとは一味違う，木から吊るされたロープに乗って揺れを楽しむこともできます（図 4-36）。そしてボール広場のようなスペースでボール遊びをすることもできます。

　はらぺこの遊びの中でもう 1 つ大切にされていることは，木工遊びかもしれません。園舎外に木工場があり，その周りには無数

第4章 子どもを魅了する幼稚園・保育所

図4-41 作業の跡が残る木工場。工具類はきれいに片付けられていた

の木が置かれています（図4-40，図4-41）。子どもたちは，それらの木を材料にして自由に発想しながらいろいろなものを作ります。もちろん，釘やとんかち，ノコギリなどの工具を，自分たちでしっかりと管理しながら使っています。このようなワイルドな幼稚園だと，ややもすると整理整頓が行き届いていなかったりするイメージがありますが，はらぺこの工場はしっかりと整理されていました。

3)「食べる」ということ

　はらぺこの特徴の1つは，「食べる」ことを大切にしていることです。資料『山の遊び舎はらぺこが大切にしていきたいこと』にはこんなことが書かれていました。

いきとしいけるものすべて，おなかが空いていない状態ほど幸せなことはありません。にもかかわらず，この国で生きている私たちは，この幸福感をあまり味わっていません。おなかが空く前に，もう次の食事がまっている環境では，子どもたちは空腹感というものを味わうことなく漫然と食事をすることになります。その食事が自分の命をつなぐものというリアリティーは大人の私たちですら感じることが難しくなってしまいました。

　好き嫌い以前の問題として，食べる意欲が低下している子どもたちの姿を見るにつけ，今子どもたちに必要なことは，はらぺこになるぐらい夢中で遊び込み，最大限の喜びをもって食事をする毎日を積み重ねていくことなのではないかと考えます。

　「はらぺこ」という名前の由来はここにあります。こういうコンセプトがあるからこそ，冒頭にあった写真のように魚の干物を作ってみたり，畑や田んぼでの活動があったり，発酵食品を作ったり，調理体験を積み重ね，素材の味や調理をすることによって生まれる変化を味わう経験をしているのです。

4 幼稚園での運動遊びサポート

1）取り組みのきっかけ

　A幼稚園は，近畿圏の地方都市にある公立幼稚園です。古くからある家と新規に建った家とが混在する住宅街の外れに立地し，小学校と保育所が隣接しています。A幼稚園は3歳児，4歳児，5歳児を預かる各学年1クラスずつの3年保育です。広さ約180㎡くらいの園庭があります。

　この運動遊びが始まったきっかけは大学教員と1人のゼミ生と

第4章　子どもを魅了する幼稚園・保育所

図4-42　大学生が中心になって子どもたちと身体を動かす

の会話でした。この大学教員は，小学生にスポーツを教える機会が多く，「もっと（発達段階の）早い時期から身体を使って遊ぶことの楽しさを感じてほしい」と感じていたそうです。そんな話を授業中にしていたところ，1人の学生が興味を持ち，その学生が幼稚園児に運動遊びを楽しめる環境をつくってあげたいと提案したそうです。

2) 取り組みの概要

さて，現在の取組みは，2つあります。1つは4歳児クラスを対象とした1時間の運動遊び活動，もう1つは全園児とその保護者を対象とした「にこにこランド」と呼んでいる親子ふれあい遊びです。

4歳児クラスの運動遊び活動では，大学生が3〜7名くらい関わって，さまざまな遊びをともにしています。この試みは，2013年度に開始し，2014年度から月に1〜2回程度実施してきているものです。活動のねらいは，何かの運動を「できる」ようになるとか上手になることではなく，身体を動かして遊ぶことの楽しさや心地よさを経験することにあります。「上手にできなくてもいいんだよ」とか「あーっ，惜しいね（笑）」といった和気あいあいとした雰囲気の中で，子どもたちが「動きたい！」と思えるような雰囲気を作ることを大事にした活動です。

3）やりたくなる雰囲気をつくる

　この活動では，幼稚園での運動遊びを計画する際に基本的運動の獲得を念頭においているそうです。ただ，想定とおりに遊びが進むことはむしろ稀。いろいろな遊びをしようとしても，性格や経験によって，新奇な遊びにうまく適応できない子もいれば，なかにはまったく参加しようとしない子もいるとのこと。

　ある時，その年の運動遊び第1回の日，ある男の子が部屋から出てくることができませんでした。多くの幼稚園児は大学生のお兄さんお姉さんと遊ぶことを楽しみにしていますが，なかには身体の大きな大学生のお兄さん，お姉さんの様子に少し戸惑いを見せる子もいないわけではありません。なにせ初めての経験ですから無理もありません。大学生は，笑顔でやさしく接することをつねに心がけていますが，大学生自身も緊張を隠せません。お互いどう対応したらよいのかわからない，なんとなくぎこちない船出になりました。

　それでも時間が経つとほとんどの園児が大学生に慣れ，運動遊びはどんどん活気を帯びて行きました。ところが，その男の子は

第4章 子どもを魅了する幼稚園・保育所

教室から出てきません。目には涙が浮かんでいたそうです。担任の先生が,「一緒に遊ぼうよ」などと声をかけていましたが,本人はまったく無理な様子。泣きながらお尻に根を生やして頑として動こうとしませんでした。すると先生は園庭と教室の間くらいのところの日陰に椅子を置き,「じゃ,座って見てたらどうやろ?」なんて言って,先生も運動遊びに入ってきました。

とはいえ,担任の先生も,大学生も彼の様子が気になります。遊びながら時々近くに行ったり横目でチラチラ見たりしていました。最初は遊びに興味も示しませんでしたが,楽しそうに遊んでいる友だちの様子に惹かれたのか,少しずつ部屋から出てきて遊びの様子を見るようになりました。そして遊びの開始から20分くらい経った時,とうとう男の子は園庭に出てきて,さっき先生

図4-43 早くやりたくて,説明に身を乗り出して聞く子どもたち

が用意してくれた椅子に座ってお友だちが遊んでいる様子に視線を向けるようになったのです。そのチャンスを見つけた大学生は「どう？　一緒に遊ばない？」と誘いに行ってみました。その時は，男の子も少し考え，でもやっぱり首を横に振ったそうです。遊びはその後も進みました。この日重視していた動きは「歩く」ことだったそうです。そのため，園庭に複数のラインを引いて「ドンじゃん」という遊びをしていました。線分の両端から線上を歩み寄り，両者が出会ったところで「ドン，じゃんけんぽい」とじゃんけんをし，勝った方がそのまま前進，負けた人は線から外れ自陣に戻り，次の人が線上を歩いて進むという遊びです。この遊びには「走る」「バランスをとる」という動きと，ルールとおりに遊ぶという心理的作業が入っています。

　最初は戸惑っていた子どもたちも様子がわかるとキャーキャー言いながら走り回っていました。しばらくすると，あの男の子が椅子から立ち上がり，お友だちが遊んでいる近くにいて笑顔で遊びの様子を見ているではありませんか。ここで無理に誘うのは逆効果ではありますが，大学生としてはやはり声をかけたい。「一緒に入ったら？」と少し離れたところから声をかけてみました。最後の5分でしたが，彼もお友だちと一緒にドンじゃんを楽しむ姿を見せてくれたのでした。

4）ブームが生まれる

　この男の子のように最初のうち遊びに入れなかったり，日によって気分が乗らないという子どもは決して少なくありません。大人は，そういう子どもを見ると声をかけたくなったり，多少無理にでも仲間に入れようとしてしまいます。しかし，そこで大切なことは，戸惑っている子どもが「僕も／私もやってみようかな」

第4章　子どもを魅了する幼稚園・保育所

という気持ちになって，自分から入って行くようになることです。

　先ほどの男児は，普段生活をともにしている友だちが楽しそうに遊んでいる様子を見て参加する勇気を持ちました。これを心理学ではモデリングと言います。モデリングとは，何かを上手に実行している他者の行為などを見てまねることをいいます。子どもは子ども同士，お互いの様子を見ています。大人が声をかけるよりも，楽しそうに遊んでいる友だちの方がよほど力強いメッセージを発しているのです。

　そのためにこの活動では「子どもたちが作るブーム」を大切にしているそうです。この活動では，教員と学生はメニューを事前に作って打ち合わせをします。ねらいとする動きを決め，どんな声かけをすべきかを考えてから幼稚園に向かうのです。しかし，この活動ではこちらがイメージしたことだけをしてくれるようねらっているわけではありません。遊びの中で子どもが何をするかはやってみないとわからない。教員や大学生の意図とおりに動くことは重視していません。子どもたちが，メニューをもとに発想を膨らませ，自分たち独自の遊びを作り出すこと，さらにそれがほかの子どもにも波及してブームになることをつねに期待しています。

　例えば，ある時こんなことがありました。「ボールを投げる」動きにつなげることをイメージし，ペットボトルをボーリングのピンのように倒す遊びをしていた時のことです。ある子が，ボールを転がす方ではなくペットボトルを立てる方に夢中になり始めたのです。運動遊びが「教育」であるのなら，ねらいから外れたことをした場合，軌道修正をするようにもっていかなければいけないでしょう。しかし，運動遊びはあくまでも「遊び」であり，自発的な行動であることが大切です。ボールを転がしたり，投げ

111

たりすることを楽しむ子もいれば，それによって倒れたペットボトルを立て直すことに楽しさを見出す子がいても良いのです。こうして遊びが自走し始めたら，しばらく大人は口や手を出してはいけません。子どもたちが自分たちの力で見つけ出したその楽しい遊び方は，他の子にも伝わりブームとなり，複数の子どもがそれに夢中になります。そして，ブームとなった遊びに夢中になっている友だちの姿は，他の子にも大変魅力的な姿に映るのです。大人ができることは，邪魔をせず，ただ見守ることだけです。

5）多様な動きを入れる

　運動遊びの内容を決める際，まずその日に取り入れたい「動き」を決めるそうです。そして，その動きが入った遊びを考えます。例えば，「投げる」「立つ」「走る」といった動きを考えた後に，この中の1つもしくは複数の要素が入った遊びを考えるのです。紙にアニメのキャラクター等の絵を描き，学生が手に持って園庭を走ります。子どもは新聞紙を丸めた小さなボールを持ち，いたずらをするキャラクター（例えば，バイキンマン）にはボールを投げてぶつけてみる。こうすると「投げる」「走る」の他に状況判断などの要素が入ってきます。しかも，上手にできたら喜ぶし，上手にできなければ「もう1回，もう1回」という空気が生まれるのです。

　しかし，同じ遊びばかりでは飽きてしまいます。子どもの遊びで重要なのは，「安心感（もしくは既知感）」と「目新しさ」です。「あっ，この遊び知ってる♪」という安心感と，「なにこれ，初めてやわ」という面白そうなことを初めて経験するワクワク感です。そのため，そうした遊びを経験するとその次の時にも，まず同じ遊びをするわけです。そういう時は，「これはこの前もやった

第4章 子どもを魅了する幼稚園・保育所

図 4-44 安心感のある目新しさを入れて、さまざまな動きを経験できる遊びが大切

よね。この前よりもたくさん当てられるかな？」などと声をかけます。そして、前回よりも時間を短くして次のステップに進みます。例えば、学生が逃げる速さを変えても良いでしょう。もしくは、描かれている絵に動物の絵や先生の似顔絵を入れるなどしたら、子どもたちは大喜びします。そういう「安心感のある目新しさ」を持てるような工夫をするのです（図4-44）。

6）幼児の遊びとフロー体験

心理学に「フロー（状態）」という言葉があります。チクセントミハイというアメリカの心理学者が最初に使った言葉で、なんらかの活動に「没頭」している状態のことを指します。スポーツ選手が時々大会などで信じられないようなパフォーマンスをしたり、

図 4-45 新聞紙を夢中になって破り,新聞紙と一体になって遊ぶ子どもたち

自己最高記録をマークしたりすることがありますが,そうしたときはフロー状態になっていると言われています。実は幼児の遊びでも,子どもたちがこのフロー状態になることが大切なのです。フロー状態のとき,子どもは夢中になって心身を躍動させています。主体(子ども)と対象(遊ぶ相手やおもちゃなどの道具など,子どもが意識を向ける相手のこと)という関係性の意識が薄れていき,子どもは対象と一体になって遊んでいるという意識状態になってくるのです(図 4-45,図 4-46)。

遊びがブームに発展する際にちょっと困ることは,遊びの構造(仕組み,ルール)が一時的に崩壊し,ルールを守って遊ぶことができなくなることだそうです。先ほどのボーリング遊びの中では,

第4章　子どもを魅了する幼稚園・保育所

図 4-46　うまいとか下手は関係なく，夢中になってボールを投げる子どもたち

ボールを倒す子は倒す本数を競いたいのに，立て直すことに夢中な子は，そんなことにお構いなしに，すぐに直してしまいます。倒した子は「いま何本倒れた？」という感じになり，お互いのねらいがうまく合致しないのです。そんな時，大人はすぐに声をかけてしまいがちですが，そこはじっと我慢して見守ることが必要です。ピンを立て直す子に向かって，大人が「数えているからちょっと待って」という一言発してしまうと，その途端に遊びに構造が生まれ，ブームが終わってしまう可能性があります。大人には「気づいて，見守る」ことが，ここでも求められるのです。

　フロー状態にあり，かつ遊びにルールが生まれ，目標を持った子どもたちはさらに集中して工夫をして遊ぶようになります。人

図 4-47　子どもたちの様子を見守りながら，遊びを支える大学生

数が増えてくると順番制になったり，目標を状況に合わせて変更したり，誰かと協力しあうようにしたりするなど，遊びは自発的に進化していきます。これらの遊びの発展の結果として，子どもの心身の能力がフルに動員され，さまざまな能力が向上するのです。

（炭谷将史）

第5章　子どもを魅了する遊び場・活動

1 養老天命反転地

　大人にとって、階段は階段でしかありませんし、屋根は屋根にしかすぎませんが、子どもにとっては、それらは時にまったく別の意味を持つことがあります。大きな階段は時に劇場になり、屋根は空中に浮かんだ家になったりします。階段の下は、時に子どもたちの隠れ家になったりします（仙田, 2009）。子どもたちが環境内に見出す可能性（アフォーダンス）は無限です。これから紹介する養老天命反転地は、なんとなく日常の生活空間とは異なる可能性が埋め込まれているような気にさせられる、そんな施設です。

　ここは「つい何かをしてみたくなるような場所」がとても多い

図 5-1　養老天命反転地

養老天命反転地の写真（図 5-1〜17）
©*Estate of Madeline Gins*. Reprduced with permission of the Estate of Made line Gins.

のです。なんだかわからないけれど潜ってみたくなる壁と壁のすき間（図5-2）とか，下り坂になった細い路地がだんだん深くなっていって，最後には壁が自分の背よりも高くなり，周りが見えるなくなる（図5-3）。そんな路地があると子どもに限らず，大人もつい入ってみたくなります（図5-4）。そんな場の力が働く，日常生活とはちょっと違う場所。養老天命反転地はそんな場所です。

1）養老天命反転地って？

養老天命反転地とは，1995（平成7）年10月4日，岐阜県養老町にある養老公園内にオープンした，荒川修作とマドリン・ギンズによる「芸術作品」のことです。荒川修作は，1950年代以降，日本の現代美術に大きな影響を与えた人で，その人がパートナーであるギンズとともに構想した建築作品がこの天命反転地なのです。

図 5-2　中に潜り込んでみたくなる壁と壁のすき間

図5-3 だんだんと溝が深くなる路地。奥に何があるのかと入ってみたくなる

図5-4 なんとなく入ってみたくなってしまう通路

　この作品をどう理解するかはさまざまな議論がなされてきました（例えば，『現代思想』1996年8月臨時増刊号等）ので他書にあたっていただくとして，本書では子どもの遊び場としての視点からその面白さを紹介したいと思います。

　養老天命反転地に行き入場料を払うと，「心のテーマパーク」と書かれた案内用のリーフレットをもらいます。その中には，『養老天命反転地：使用法（「養老天命反転地：使用法」は養老天命反転地をより効果的に体験していただくための，荒川＋ギンズからの提案です)』として，園内各所の楽しみ方が書かれています。ここでは"楕円形のフィールド"の使用方法（の一部）をご紹介します。

・バランスを失うことを恐れるより，むしろ（感覚を作り直すつ

第5章 子どもを魅了する遊び場・活動

もりで）楽しむこと。

・空を，すり鉢形の地面に引き下ろすようにしてみること。

・進む速さに変化をつけること。

・しばしば振り向いて後ろを見ること。

・一度に焦点を合わせて見る場所（知覚の降り立つ場）は，なるべく少なくすること。

　わかるものもあれば，なんだかわからないものもあります。私（炭谷）自身も子どもを連れて遊びに行き，ここに書かれていることを読んでやってみようとしましたが，子どもにはわからないことばかりです。そこでともかく，わかったものだけでも意識しながらやってみようと思い遊び始めることにしました。

2）場の力に感覚が乱される

　入るとすぐに岩が積み上げられた場所があります。この岩場は子どもだけでなく大人もつい登りたくなってしまいます（図5-5）。園内を進むとすり鉢状のフィールドに入るための丘になっている部分があり，そこにもつい入りたくなるような路地があり，また壁が斜めに立てかけられていて，つい入りたくなるすきまがあります（図5-6）。

　リーフレットの説明書きにも書かれていますが，何かをしようとするとバランスを失うというか，バランスを保つことが難しいことがわかります。日常生活の中で持っている感覚とのズレが生じ，何かが乱される感じを受けるのです。とくに大きくズレが生じたのは，「斜め」の感覚と「見え」の世界でした。

　養老天命反転地には，意図的に無数の傾斜がデザインされています。日常生活の中では出会えない斜めがそこにはあります。一見簡単に登れそうで，実際には2本足では登れないような斜めも

121

図5-5 この岩場をみると，多くの子ども・大人が登ってしまうのではないだろうか

図5-6 ここにも潜り込んでしまう子どもが少なくない

第5章　子どもを魅了する遊び場・活動

図5-7　一見簡単に登れそうにデザインされている斜め

図5-8　実際に登ってみると見た目以上に急角度であることに気づく

図 5-9　すり鉢形フィールドに入る時もかなり急な坂を登る

ありますし，降りられるか降りられないかわからないようなギリギリの斜めもあります（図 5-7，図 5-8）。その無数の斜めを体験していた時に私の頭に浮かんだのは，日常生活の平坦さでした。少し極端に言うなら日常の生活環境のつまらなさと言っても良いのかもしれません（図 5-9，図 5-10，図 5-11，図 5-12）。

　この日常生活では経験できない斜めを，目をつぶってどのくらい降りられるか，試してみました（図 5-13）。一度目を開けて降りたにも関わらず，私は途中で怖くなって目を開けてしまいました。次に小学生にチャレンジしてもらいました。小学 6 年生の男児は，頑張りましたが，途中で坂が急になるところでしゃがんでしまいました（図 5-14）。面白かったのは，当時小学 2 年生の女の子です。多少，隣にある壁を頼りにしてはいましたが，最後ま

第5章　子どもを魅了する遊び場・活動

図5-10　遠くから見るとわからないのだが，手をつかないと登れないような斜面もある

でしゃがむことなく，目を閉じたまま降りることができたのです（図5-15）。運動能力の違いなのか，身体の形態的な違いなのか，斜めの体験自体が少ないために却って先入観なく降りられたのか，その理由はわかりません。いずれにしても，日頃とは異なる斜めの感覚を体感できる面白い実験でした。

　もう1つ面白かったのは，感覚の乱れでした。128ページの写真をご覧ください（図5-16，図5-17）。平行な面が在りそうで1つもないのです。普通，こんなに面があっちこっちに向いているような場所はありません。先ほどの斜めの体験でもそうなのですが，いかに私たちの日常生活が平らな面や線で占められているかに気付かされます。

図5-11　小学生でも壁につかまらないと登れない傾斜

図5-12　見た目はそうでもないが，ロープにつかまらないと降りられない

第5章 子どもを魅了する遊び場・活動

図5-13 目をつぶって，どこまで降りられるかを実験してみた

図5-14 途中でしゃがみこんで実験終了

図5-15 手をつかずに最後まで降りた。身体のサイズと何か関係があるのだろうか？

図 5-16　少しずつ傾斜の違う面の中にいると，感覚が乱れて日常とは異なる感覚になる

図 5-17　経験したことのないほどさまざまな斜面に囲まれ，感覚が乱れて来ると心まで揺さぶられるような感覚になる

3) 心のテーマパーク

　通常の生活において，我々は大きく分けると水平面と垂直面に囲まれて生活しています。水平で一定以上の硬さのある面のおかげで私たちは歩けます。例えば，溜まっている水は水平ですが，硬さがないので歩けません。私たちはなぜ歩けるのかなどと考えることはありませんが，実は外的条件が整っている時しか歩けないのです。一方，垂直な面は，私たちに移動方向の変更や水平移動の中止を求めてきます。外界はこれらの面の組み合わせで成立しています。少し本から顔を上げて，あなたの周りの水平面と垂直面を探してみてください。ほとんどが水平か，垂直ではないでしょうか？

　ところが，養老天命反転地の中には，水平面でも垂直面でもない斜めがたくさんあります。さらに困ったことに，1つの場所にいくつもの斜めがあるのです。図5-16や図5-17は一例ですが，1か所にいて面があちこちに向いていると感覚が混乱してきます。自分はどこにいるのだろう，ここはどっちに向いているのだろうと混乱するのです。私は時々山に登ります。山の中も水平面があまりないところです。しかし，山の傾斜は一定方向を向いているために，自分の傾きの感覚が混乱することはありません。ということは，面の方向性に傾向があればこうした混乱は起きないということかもしれません。

　最初に記したように，養老天命反転地のガイドブックには「心のテーマパーク」と書かれています。まさにそのとおりです。キャーと叫びたくなるようなジェットコースターがあるわけでも，かわいいキャラクターが出迎えてくれるわけでもありません。しかしここに来ると，感覚が揺れ，心が揺れるのです。いままでに経験したことのない斜めや感覚の揺れが心を揺さぶるのです。斜

めになったところが多いので，少し疲れるかもしれません。そんな時は，ゆっくりと座ってみてください。バランスの乱れ，感覚の揺れを感じて楽しんでください。新しい自分，新しい世界と出会えるかもしれません。

2 モエレ沼公園

1) モエレ沼公園とは

　モエレ沼公園は，札幌市にあるスポーツ施設やレストランなどがある複合型の公園です。基本設計は，世界的に著名なイサム・ノグチによって行われました。そのコンセプトは「全体を1つの彫刻作品とする」というもので，2005（平成17）年にグランドオープンした芸術系の遊び場です。

　その中に，「サクラの森」と呼ばれる遊具スペースがあります。AからGまでの7つに分けられた遊具スペースには，イサム・ノグチがデザインした彫刻と呼べる遊具が置かれています。子どもたちはひとしきり遊ぶと飽きます。しかし，園路を歩いて行くと次の遊具スペースが現れる。子どもたちは次々と遊具を変えながら，森の中を縦横に走って豊かに遊ぶことができるでしょう。

2) 遊具のデザイン

　遊具は1つひとつが彫刻作品と呼べるような美しさです。一般的に児童公園などで見かける遊具もあるのですが，それらも一般的な公園にあるものとは少し違います。一般的にシーソーは大概は1台，もしくは2台並べられるくらいですが，ここでは4台が並んでいます（図5-18）。ジャングルジムは通常格子状になって

第5章　子どもを魅了する遊び場・活動

図5-18　4台並んだシーソー

図5-19　縦の棒がほとんどなく，入れ子状になっている台形のジャングルジム

図5-20　長さの異なるブランコが並んでいる

いて，変化が少ない作りですが，ここのジャングルジムは縦棒があまりなく，しかも台形です（図5-19）。また，マトリョーシカ（ロシアの民芸品の人形）のように入れ子になって中にも小さなジャングルジムがあります。他にも長さの異なるブランコ（図5-20）や傾斜角の異なる2台が並んだ滑り台（図5-21）など，単にその遊具の機能を使うだけではなく，多様な遊びが生まれそうな工夫がなされています。

　遊具は，通常機能がわかるものが多いです。ブランコを初めて見た子どもでも，座面に座って乗ろうとしますし，滑り台なら上に登って滑ろうとします。しかし，モエレ沼公園には，機能がよくわからない遊具が多くあります（図5-22，図5-23，図5-24，図5-25）。しかも，同じ遊具が異なるエリアに何個も置かれている

第 5 章　子どもを魅了する遊び場・活動

図 5-21　傾斜角度が異なる滑り台が並んでいる

のです。いわば，抽象遊具とでも呼べるような遊具を，ノグチは何をイメージして作ったのでしょう。また，現代の子どもたちは，前述の青木の言う「遊園地」のような遊び・遊び場に慣れています。そんな中，これらの遊具をどのように使って遊ぶのでしょう。

3) 場所のデザイン

　図 5-26，図 5-27 は通常の遊具と比べてエリアが広く，遊具の機能を使うだけでなく，鬼ごっこやかくれんぼなどの多様な遊びができそうな感じです。こうしてノグチのデザインした遊具を見てくると，それらは決して「～をして遊びなさい」とは言っていない気がします。何をして遊ぶかは子どもの発想に委ねられています。まさに青木が言う「原っぱ」のような遊具なのです。

図 5-22 抽象遊具とも呼べるようなデザインで子どもたちはどうやって遊ぶのだろうか

図 5-23 上に乗って遊ぶことも，まわりを走り回って遊ぶこともできるデザイン

第5章 子どもを魅了する遊び場・活動

図 5-24 高さの異なるブロックのようなものが配置されている

図 5-25 現代の子どもたちはこの場所で何をするだろうか

図 5-26　鬼ごっこもできる，かくれんぼもできる

図 5-27　滑り台としての機能だけを使うのではなく，さまざまな遊びができそうなデザイン

第5章　子どもを魅了する遊び場・活動

③ 八日市冒険遊び場

1）冒険遊び場とは

　まず，冒険遊び場（プレーパーク）とはどのようなものなのか
をご紹介します（以下の情報は主に特定非営利活動法人日本冒険遊
び場づくり協会（http://bouken-asobiba.org）の情報に基づいてい
ます）。

　同協会のホームページには冒険遊び場（プレーパーク）が，以
下のように紹介されています。

　　　冒険遊び場は，子どもが「遊び」をつくる遊び場です。そ
　　こでは火を使ったり，地面に穴を掘ったり，木に登ったり，
　　何かものをつくったり……。落ち葉やどろんこや自然の素材
　　を使って，遊び場にあるスコップや金づちや大鍋を使って，
　　自分の「やってみたいと思うこと」を実現していく遊び場で
　　す。さまざまな遊びが展開されていくので，変化しつづける
　　遊び場ともいえます。禁止するのではなく，いっしょに考え
　　てやってみる。のびのびと思いきり遊べるこの場所は，子ど
　　もが生きる力を育むことを支えています。

　冒険遊び場の歴史は古く，世界最初の冒険遊び場は，第二次
世界大戦真っ只中の 1943 年に，デンマークのコペンハーゲン市
郊外につくられた「エンドラップ廃材遊び場」と言われています。
この「廃材遊び場」を提案したのは，デンマークの造園家 C.Th.
ソーレンセン（王立芸術アカデミー教授）です。こぎれいな遊び場
よりも，ガラクタのころがっている空き地や資材置き場で子ども
たちが大喜びで遊んでいるという，長年の観察にもとづいたもの
でした。この提案をもとに建築家ダン・フィンクがデザインし，

初代プレーリーダーであるジョン・ベルテルセンと子どもたちによって「エンドラップ廃材遊び場」がつくられたそうです。

　大戦直後，1945年にエンドラップを訪れたイギリスの造園家アレン・オブ・ハートウッド卿夫人は，この廃材遊び場に深く感銘を受け，その思想を持ち帰ってロンドンの爆撃跡地に冒険遊び場をつくるとともに，世論を喚起して冒険遊び場運動を広く世の中に広めました。

　イギリスで力強い大きな流れとなったこの冒険遊び場づくりは，発祥の地，デンマークに逆輸入され，やがて1950〜70年代を中心に，スウェーデン，スイス，ドイツ，フランス，イタリア，アメリカ，オーストラリアに広がっていきました。現在はヨーロッパ全体で1000か所程度の冒険遊び場があるそうです。

　日本では1970年代半ばにアレン卿夫人の著書『都市の遊び場』が翻訳・紹介され，冒険遊び場づくりは全国に広がり，1990年代後半からは飛躍的に活動団体が増えています。

　現在，日本国内には600か所以上，滋賀県内には8か所程度（上記協会に登録している場所のみ）あります。

　冒険遊び場は，現代の「安全第一」という社会的風潮とはまったく逆のコンセプトを持った遊び場です。冒険遊び場のコンセプトは「子どもたちが遊びをつくる」というものです。そのため，火を使うことも，地面に穴を掘ることも，木に登ることも，置いてある廃材でものをつくることも「あり」です。この場所は，子どもが「自分がやってみたいこと」を実際に行っていける場です。私たち大人は，ややもすると常識やルール，危険性などに照らして，子どものやりたいことを禁止してしまいがちです。冒険遊び場では，大人は子どものやりたいことを制限せず，どうすればうまくいくかを一緒に考えて，一緒にやってみる立場になります。

2）八日市冒険遊び場の様子

八日市冒険遊び場は，旧八日市市（現東近江市）市街地にある官庁街の真ん中，市役所裏側にある大水児童公園を，毎月第3土曜日と第4日曜日に「冒険遊び場」として設定するものです。毎月2回，ここで多くの大人と子どもがのんびりとした時間を過ごしています。

代表の村山さんがこの地で冒険遊び場活動をスタートさせたのは 2006（平成18）年のことでした。長男の遊び環境を考えるなかでスタートさせたのだそうです。もともとは比較的殺風景な公園で，ブランコと馬の形をした遊具しかなかったそうです（図5-28）。ただ，官庁街をつくるに当たって作られた公園であることから，幾種類もの木々が植えられていて，秋には色とりどりの

図5-28　プレーパーク実施前からあるブランコ

図 5-29　プレーパークにとって火は大切なアイテム

紅葉を楽しめるようになっています。

　ところで東京には，日本で最初につくられたプレーパークとして有名な「羽根木プレーパーク」（東京都世田谷区）があります。ここは NPO 法人が運営し，常時プレーリーダーがいて，いつ訪れても遊ぶことができるようになっています。ところが，滋賀県では 2 つの理由からそれが難しいのです。1 つは人口が少ないこと，もう 1 つは距離が遠いことです。東京のように狭い地域に人口が密集しているエリアであれば，自転車で行ける距離にプレーパークを作ることができますし，子どもたちが母親と一緒にふらっと立ち寄って利用することができます。しかし滋賀県ではその数はかなり限られてしまいます。これは滋賀県に限らないことですが，人口の少ない県だと，自転車で行けるエリアにプレー

第 5 章　子どもを魅了する遊び場・活動

図 5-30　子どもも一生懸命に火をおこす

パークを 1 つ作ったところで，関われる人も少ないために，多くの人が集まることは期待できません。

　八日市冒険遊び場は，こうした滋賀県の状況に対応するかたちで，毎月第 3 土曜日と第 4 日曜日の月 2 回開催されているのです。「滋賀県スタイルとしてはこれが最適な気がしています」という村山代表のコメントは，地方における今後の冒険遊び場の展開を考える上で大いに参考になるのではないでしょうか。

3）プレーリーダーが語る八日市冒険遊び場

　プレーリーダーのショーユーさんに，この活動の良いところを聞くと「来ても来なくても良い。いつ来ても，いつ帰っても良い。誰が来ても構わない。子ども，中・高生，ブラジル系などの

ダブルルーツの人,大人,いろいろな人が来て思い思いに過ごしている。そんな懐の深さじゃないかな」と教えてくれました。冒険遊び場と聞くと,みんなが木に登り,建築遊びをしたり,ダイナミックに遊んでいるイメージを持ちがちですが,カードゲームや携帯ゲーム機器で遊んだりしている子もいます。ショーユーさんは言います。「もちろん自然遊びをしてもらいたいとは思います。でも,ゲームをしながらも,飽きたらちょっと自然に触れたり,何かを作ったりするんです。それで良い。ここに出てきてくれることが嬉しいし,あれをしろとか,これをするなって言ったら,子どもたちにとって居心地が悪くなってしまいますから」と。

これは実は遊びの定義そのものです。久保（2010）は,『遊びと人間』で知られるフランスの哲学者ロジェ・カイヨワの遊びの定義が有する問題点として,遊びは"活動"という側面だけから

図 5-31　子どもがやりたいことを大人は見守る

第5章 子どもを魅了する遊び場・活動

定義するのでは不十分であり，それをどのような"気分"で行っているかを考慮しなければならないと指摘しています。その中で久保は"遊"という漢字には，①ぶらぶら，②ゆらゆら，③行ったり来たり，という3つの意味合いがあることから，遊びは参加してもしなくても自由であり，自分の意思で参加している自覚があってこそ成立することを指摘しています。プレーパークに参加している人たちの意識は，まさにこの"遊"の意識であり，それが居場所感につながっていると言えるのかもしれません。

また，ショーユーさんは「プレーパークは大人にとっての居場所でもある」ことを教えてくれました。大人自身が子どもたちや他の大人たちに受け入れられていると感じることで，この場所にいることに安心感を持つことができるのです。子育て中の親も，家の中や室内だと細かいことが気になったり口出ししたくなったりもしますが，外で遊んでいると少しおおらかな気持ちで子どもと接することができます。大人もまた"遊"の気分を共有しているのだと言えるでしょう。プレーパークとはそういう場所なのです。

4 ちびパーク

1) ちびパークとは

八日市冒険遊び場では，「ちびパーク」という活動もしています。ちびパークは，就学前の子どもと母親を対象としたプレーパークです。ここでは，代表の小川久美子さん他数名の世話役の方に伺った話に基づいてこのちびパークを紹介します。

八日市冒険遊び場と同じ，東近江市役所の裏の大水公園を活動

図5-32　ちびパークはお母さんたちも楽しくおしゃべりができる場所

図5-33　おいしい食事もプレーパークの楽しみ

第5章　子どもを魅了する遊び場・活動

場所としています。ここには，幅3m，深さ50cmくらいの水路，柵がついていない幅広の滑り台，ターザンロープが2本，演台のようなもの，無造作な段差，たくさんの木，種々の道具を入れられる倉庫があります。

　参加者はお昼前くらいから集まり，夕方頃まで子どもたちは水遊びをしたり，泥遊びをしたり，木に登ったりと思い思いに遊び，お母さんたちはその様子を見守りつつ，おしゃべりをしたり，食べるものを作ったりして過ごしています（図5-32，図5-33）。

　私が訪れた日は，長い冬の休みが明けた春の日差しが暖かな3月末。ちびパークを心待ちにしていた親子20組以上が楽しく遊んでいました。そして立ち込めるおいしそうなカレーの香り。「食」もまたプレーパークの楽しみです。

2）ちびパークの恩恵

　私が訪問した日，小さな子が水たまりに入って遊んでいました。足で水をピシャピシャはねかしながら歩いたり，水の中にある石を拾ったり（図5-34）。いわば，水たまりという場を探索している感じに見えました。私にはまさに「学びの機会」に見えました。子どもたちはこうして世界と仲良くなっていくものなのです（図5-35）。

　しかし親としては，頭ではわかっていても実際にはそういうときに，「あっ，汚れる」って思ってしまうし，口にしてしまいますよね。でも，ここに来ているお母さんたちはその言葉をグッと飲み込めるのだそうです。

　代表の小川さんは言います。「普段から何でもありで，汚しても水たまりに入ってもいいよって言っているかといったら，そんなことはありません。着替えがないときや，汚してほしくない時

145

図 5-34　水たまりの中に入って探索をする子どもたち

図 5-35　水を踏んづけたらどうなる？

第5章 子どもを魅了する遊び場・活動

図5-36 小さいうちから砂や泥に触れることで自然に対する親和性を育てる

図5-37 落ちている枝の端切れで作ったパチンコで遊ぶ男の子

図 5-38　マシュマロを焼くことで，少しずつ火に慣れる

はやはり"ダメ"って言ってしまいます」。「でも，ちびパークは"怒らない"とか"なるべく大人は口出ししない"という約束事があるから，何も言わないし，そもそもそういうことをする前提で汚れてもいい服を着せて来ます。着替えも持ってくるし。子どもも，ここでは怒られないから思いっきり遊べるって，思っているのがわかります。だから，そういう意味では諦めているんです」と。

また，運営で長年携わられているヨウコさん（仮称）は，小さい頃から泥や砂に慣れておくことの重要性を指摘されていました。近年は都市化が進んで街がコンクリートで覆われています。砂や泥，昆虫などに小さい頃から触れていることで，人間の基盤として自然に対する親和性を育てておくことが大切なのではないかと

第 5 章　子どもを魅了する遊び場・活動

図 5-39　楽しく遊んで笑顔いっぱい

おっしゃっていました（図 5-36, 図 5-37, 図 5-38, 図 5-39）。

5 妹背の里冒険遊び場

1) 活動拡大中の冒険遊び場

　滋賀県竜王町にある施設「妹背の里」の中にある「冒険あそびばVIVA」は、いま冒険遊び場を作っています。ここにある遊具は、砂場や泥場、スラックライン、ロープ渡り、竹スロープ（上り台にもなるし、駆け下りても大丈夫なスロープ）、ハンモック、ターザンロープ、大型遊具、池などです。しかし、遊具を使っても使わなくても、夏は水遊び、冬は焚き火などなんでもありの遊び場と

図 5-40　べっこう飴づくりを楽しむ子どもたち

なっています。常駐のプレーリーダーがいるので，冬にはべっこう飴を作ってみたり，焚き火を囲みながらおしゃべりに興じる子どもたちの姿もあります（図 5-40）。

2）バランスの崩れを楽しむ

　妹背の里には，一般的な児童公園ではあまり見かけない遊具がありますが，その1つがバランス遊びの道具，バランスロープとスラックラインです（図 5-41，図 5-42）。バランスロープは大小2種類あり，幼児から大人までが楽しめる感じになっています。このバランスロープは，一見簡単にできそうに見えますが，実際にやってみると案外バランスをとるのが難しく，腕の力で必死になってバランスを取ろうとします。一方，幼児の場合は腕がギリ

第 5 章　子どもを魅了する遊び場・活動

図 5-41　バランスロープで順番を待つ子どもたち

ギリにしか届かないため腕に力が入らず，足でもバランスを取ろうとします。そうなると，何回かやっているうちにだんだんと上手になってくる感じがします。

　バランス遊びの2つ目はスラックラインです。これは市販されている綱渡りの遊びで，弾力が高いのでバランスが取りにくいという特徴を持っています。しかし，上手な人はその弾力を生かして，飛んだり跳ねたりすることを楽しむこともでき，競技会なども世界規模で開催されている遊びです。

　この遊具に関心を示すのは，子どもよりも実は大人です。これもバランスロープと同じで，一見簡単そうで，できない人を見ると「なんだ，そんなこともできないのか？　どれどれ」とやりたくなるのです。ところが，簡単ではありません。とくに距離が長

151

くなると，とてつもなく難しい。「できそうなのにできない」ということが，これほどまでに私たちに意欲を与えてくれるのか，と思うほどに，はまり込んでしまう遊びです。

この大人が子ども以上にはまってしまうスラックラインが持つ意外な価値があります。それは，子どもに「安心感を与える」ということです。子どもの遊びにおいて大切なことの1つに「安心感の担保」があげられます。子どもが「いまこうして遊んでいていいんだな」とか「こうやって遊べばいいんだな」という安心感を持って遊べることが大切です。そういう意味では，大人が近くで楽しそうに遊んでいてくれるというのは，自分も一緒にはしゃぐことができるという安心感を与えてくれるように思います。

図5-42　スラックラインで遊ぶ小学生と見守るプレーリーダー

第5章　子どもを魅了する遊び場・活動

3）揺れる遊び

　子どもの遊びには「めまい」など感覚の乱れを楽しむ遊びが多くあります。ぶらんこはその代表例ですが，この冒険遊び場には2つの「揺れ」があります。1つは木の枝を利用した大きなぶらんこ，もう1つはハンモックです。

　大型ぶらんこは，5ｍくらいの高さのところに伸びている太い枝にロープをくくりつけて作られたものです。つまりロープは4,5ｍくらいの長さがあるということになります。そうなると動きの半径は大きくなりますので，揺れる大きさも一般的な児童公園においてあるものとは比較になりません。児童公園で遊んでいる子どもがぶらんこのスリルを高めるためにする遊び方というと「立ち漕ぎ」と「飛び降り」でしょうか。しかし，妹背の里にあ

図5-43　子どもにとってハンモックはゆったりする場所ではなく，激しく揺れる場所

153

る大型ぶらんこでそれをする子は多くありません。ぶらんこ自体のスリルが通常とは違うので，まだそこまで遊びが発展しないのかもしれません。でも，この大型ぶらんこにも慣れてきた頃には，いろいろと遊びが発展しそうな気がしています。

　もう1つの「揺れ遊具」はハンモックです（図5-43）。これは妹背の里プレーパークの中でも1，2を争う人気遊具と言って良いものです。遊び場に入ってきた人の半数くらいがまずハンモックに最初に向かいます。私自身，プレーパークを作った当初はよくこのハンモックで遊びました。大人は青空を眺めてのんびりしながらいろんなことに想いを馳せ，子どもは誰かに揺らしてもらって，その「めまい感」を楽しむのでしょう。ハンモックはさまざまな楽しみを提供してくれる遊具なのです。

4）火も楽しい遊び道具

　最近は焚き火などをすることもすっかりなくなっています。住宅街で焚き火をしている人などほとんど見かけなくなりました。また，いまの生活では台所が電化されてきており，焚き火はおろか，火自体が家の中に存在しないというケースも少なくなりません。

　そんな生活の中で，子どもたちは焚き火に夢中になります。初めて焚き火を目にする子どもたちは，ゆらゆらと揺れる火の動きを眺めているだけでも飽きないようです（図5-44）。また，妹背の里ではプレーリーダーが焚き火をしながら一緒に作ってくれるべっこう飴は子どもたちの大好物です。

　ある時，たまたま遊びに来た子は焚き火を見るのは初めてだと話していました。その子は，当初は子ども同士で砂場を使ったり，ターザンロープで遊んだりしていたのですが，お昼ご飯を食べた

第5章 子どもを魅了する遊び場・活動

図5-44 子どもにとって焚き火はワクワクする遊び

あと，休憩もかねてべっこう飴を作った頃から焚き火から離れなくなりました。私が「疲れちゃったの？」と聞くと「焚き火を見るのが面白い」と言って木をいじったり，薪をくべたり，みんなのためにお湯を沸かしたりしてくれていました。まさに「火遊び」です。いまの世の中では「危ないから」という理由でさせてもらえないかもしれません。でも，その時の目はとても輝いていて，彼が心の中でなんとも言えない「冒険」をしていたことが感じられました。

（炭谷将史）

第6章　子どもを魅了する遊び

1 カロム

「カロム」というボードゲームがあります。滋賀県内ではとくに彦根市を中心に発展，普及しているゲームです。ここでは，日本カロム協会ホームページや協会の大須賀正幸さんにお聞きした話を中心にカロムについて紹介します。

1）歴史

カロムの歴史は非常に古く，800年前にはすでに存在していたと言われています。発祥についてははっきりとはわかっていませんが，アフリカ（とくにエジプト，エチオピアのあたり）という説とインドという説があるそうです。そこからヨーロッパ・アジアの各地に浸透していき，さまざまに形を変えながら遊ばれるよう

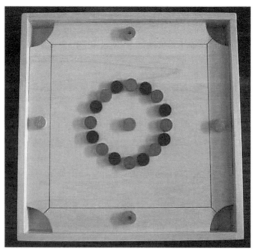

図6-1　カロムはビリヤードのように四隅にパックを入れる遊び

第6章　子どもを魅了する遊び

になっていったそうです。ちなみに、「カロム」という名前の意味は、「槍の柄を輪切りにしたもの」を指すそうですが、名前の由来は定かでありません。

　同じようなゲームで最もポピュラーなのはビリヤードではないでしょうか。カロムもビリヤードと同じようにボール（カロムではパックと言います）を四隅にある穴に入れる遊びです。アメリカではキャロム、インドではインディアン・スヌーカーと呼ばれる遊びが、カロムとほぼ同じような形式だそうです。ただ、ビリヤードのキューのような棒を使うか使わないかなどは各国での様相が違う感じがします。

2）なぜ彦根だけに定着したのか？

　では、なぜカロムは滋賀県、とくに彦根地域にだけ根付いたのでしょうか。カロムが彦根に入ったのは今から100年ほど前とされています。しかしそのルートについては、かつて滋賀県からカナダをはじめとする北米に渡る人が多く、その人たちが持ち帰ったとする説もあれば、メンソレータムで有名なウィリアム・メレル・ヴォーリズが持ち込んだという説、あるいは宣教師が人を集めるためにカロムを紹介したという説等々、さまざまな説があり、いずれの説が正しいのかはわかっていません。明らかにできる資料が残っていないようなのです。

　では、その不思議な遊びが彦根に定着した理由はどこにあるのでしょうか？　これはある程度確定した説があるようで、その秘密は実は仏壇にあるそうなのです。彦根は産業として仏壇づくりが有名で、仏壇をつくれる職人の技術がカロムの盤やパックを作る技術として活かされたというのです。昭和30年代にはカロムは全国で行われていて、大手遊具メーカーもこのゲームを製作し

159

図 6-2　カロムで遊ぶ子どもたち（写真提供　日本カロム協会大須賀正幸さん）

ていたのですが，その後カロムの人気は下火になり，大手メーカーは撤退してしまいました。しかし，彦根ではカロムが職人の手で作られ続けていたために，彦根市民は人気が下火になったこと自体にも気づかなかったようなのです。

ところが，彦根から大学進学等で他の地域に出て行くと，他所の人は誰もカロムのことなど知りません。「どうやらカロムをやっているのは彦根だけらしい」ということに，その人は気づくことになります。そういうことが伝わり共通の理解となる中で，それなら彦根の遊びとしてカロムを広める活動を始めようということになり定着していったのではないかと言われています。

第6章　子どもを魅了する遊び

3）カロムの現在

　遊びは少しずつ全国に広がり，現在では全国大会が行われるようになっています。全国大会は，毎年6月の第3日曜日に彦根市内で行われていて，2017年度で第30回を迎えるそうです。参加人数はダブルス，シングルス合わせてなんと600人以上。その様子には圧倒されてしまいます（図6-3）。

　また，全国大会以外にも年に5回の例会を開催してランキングをつけたり，C1グランプリといって全国大会とは別に各地域で予選大会を行い，そこでの優勝者が年に1度福島に集まって大会を行ったりしているそうです。なお，この大会は「みんな友だちカロム」と呼ばれ，福島の震災からの復興を応援する大会としても位置付けられていると言います。

　彦根以外にも，東京の多摩地区，千葉県の市川市，岐阜県などでも盛んに行われています。滋賀県の彦根からで始まった遊びですが，今では愛好者が全国的に広がっています。

4）遊び方

　遊び方は，非常に多様です。アメリカで使われているカロム盤では138種の遊びが行われているとも言われています。日本でもさまざまなローカルルールが作られ，大人から子どもまで幅広く楽しまれています。

　ここでは最も一般的で，全国大会でも採用されているルールと，大人と子どもが真剣に勝負できるちょっと変わったルールをご紹介します。

図6-3 多くの子どもや大人が楽しむカロム大会の様子
(いずれも写真提供　日本カロム協会大須賀正幸さん)

第6章　子どもを魅了する遊び

〈ゲームを始める前に〉

(日本カロム協会ホームページ参照 http://www.biwako.ne.jp/~carom/carom/rule.html)

・まずは基本的な名称を覚えます（図6-4）。
・ペアを作ります。

　一般的にゲームは4人で行われます。ペアを作ったら，向かい合って座ります。もし1対1で行う場合は，各人が向かい合って座ります。

・パックを並べます。

　カロムは赤と緑のパックとジャックを使って行われます。上図のように赤と緑のパックを交互に並べ，ジャックをジャックスポットに置きます。

〈公式ルール〉
・打ち方

　どちらか一方の手の1本または2本の指を使って，ストライ

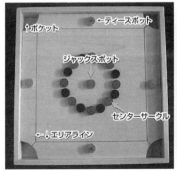 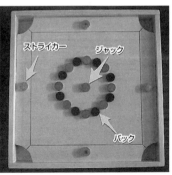

図6-4　カロムの道具の名称（右）と主な場所の名称（左）

カーをはじくように打ちます。この時，手が他のパックにさわったり，身体を他の人が座っているところまで移動させて打ってはいけません。

・打つ場所

　　最初，ストライカーはティースポットから打ちます。2回目以降は，自分のエリアライン上に置き，そこからストライカーを打ちます。自分の順番が回ってくるまではストライカーを盤の上に置いてはいけません。

・打つ順番

　　全員でじゃんけんをして，1番勝った人（勝ったペア）が赤のストライカーを持ちます。2人の場合は交互に，4人の場合は勝った人から順に時計回りに打ちます。

　　順番が決まったらゲームスタートです。自分のストライカーと同じ色の入れたいパックがうまくポケットに入るようによく狙って打ちます。ただし，打った後は，パックやストライカーが完全に止まるまで触ってはいけません。もし，パックが立った時は，そのまま続行してください。

・交替

　　ポケットに入ったものが自分のパックだけの時は成功なので，続けて打つ権利が与えられます。また，同時に2つ入っても構いません。自分のパックと同時に相手のパックが入っても成功として続けて打つことができます。ただし，この時入った相手のパックはサービスとしてそのままポケットに入れておきます。自分のパックが1つも入らなかった時は，次の人に打つ権利が移ります。

　　表5-1にあるような失敗をした時はペナルティーとして，すでにポケットに入っている自分のパックをジャックスポットの

164

第6章　子どもを魅了する遊び

上に戻して次の人と交替します。ジャックスポットに他のパックやジャックがある場合は，その上に積んでいきます。また，戻すパックがない場合は借りとしておき，入った時点で戻します。

・勝敗の決め方

　自分のパックを全部ポケットに入れた後で，ジャックをポケットに早く入れた方が勝ちです。ただし，

　　ペナルティーなし

　　ジャックを打つ権利ができてから1回でジャックが入らなかった場合は，ペナルティーとして5個戻しその上にジャックを置く

のいずれかをゲームを始める前に決めておいて下さい。

〈ゲームを面白くするための工夫〉

カロムの面白さは，年齢や運動能力，知的能力などと関係なく，

表 5-1　失敗とペナルティーの種類

	失敗の状態	ペナルティー
A	ストライカーが入った時	1
B	自分のパックが全部入っていないのにジャックを入れてしまった時	5 ＋ジャック
C	盤の外に飛び出した時 a. ストライカー	1
	b. 自分のパック c. 相手のパック	出たパックをジャックスポットへ戻す
	d. ジャック	5 ＋ジャック
D	A，B，C-a，C-d の時に同時に自分のパックもポケットに入った時	失敗なのでジャックスポットへ戻す
E	C-a の状態で，相手のパックがポケットに入った時	1　相手のパックはそのまま

165

多様な人が勝負を楽しめるところにあります。ただし，大人と子どもがゲームを行う場合，力の差がありすぎるのでハンデを付けた方が面白くなります。また，上達したらルールを難しくすることでさらに面白く遊べると思います。

　なお，ルールを変更する場合，ゲームが始まる前に相手とよく話してからにしましょう。

・最初からパックの数を減らす

　　弱い方の人のパックを最初に減らしておき，交互に並べる時に余った強い方の人のパックはジャックの下に置く。

・ストライカーの置ける場所を変える

　　ティースポットにも置けるようにしたり，自分のエリアライン内ならどこでも打てるようにする。

・打てるパックの位置

　　自分のエリアライン内にあるパックも打てるようにしたり，ティースポットにかかっているパックだけは打てるようにする。

5）カロムを楽しもう！

　私も以前，日本カロム協会の監修で，カロムを紹介する公開講座を開催したことがあります。その時このカロムの面白さにすっかり魅了され，迷わずカロム盤セットを購入しました。その後子どもたちといつも楽しんでいます。

　カロムの魅力は，何と言っても大人と子どもが同じレベルで遊べることです。スポーツなどでは大人が少々手加減をして相手をしたりしますが，それをするとなんとなくどちらも楽しくなかったりすることがあります。カロムは運動能力や身体の大きさ，手先の器用さなどはあまり関係ありません。大人が手加減しなくてもよく，子どもも気持ちよく遊べます。それにルールが簡単なの

で，園児や小学校低学年の児童でも十分に遊べます。

　シンプルなゲームなので，ルールの変更も容易です。参加人数もルールを工夫すれば何人でも遊べるため，大人数で集まった時の娯楽としても活用できます。例えば，ダブルスなどは自分のエリアにあるパックは狙えません。そのルールをうまく利用して遊ぶと戦術的にも大変高度なことができ，頭を使った戦いが展開されたりもします。

　家族でのんびりと遊んだりする場合，これをみんなでやっていると不思議と笑顔になります。大人も子どもも笑いながら，キャーキャー言いながら遊びます。負けても笑って「もう1回」という気持ちになります。ゲーム時間が短く，すぐに勝負がつくので「もう1回，もう1回」と何回でもやりたくなります。

2 妖怪遊び：NPO法人芹川（子育て支援部門）による 放課後児童クラブの遊び

　子どもの育ちを支える施設は，保育所や幼稚園だけではありません。小学生になると，多くの児童が学童保育や放課後児童クラブの世話になります。

　彦根市の複数の小学校で放課後児童クラブを運営するNPO法人芹川子育て支援部門では，妖怪を探す想像遊びを考案し，子どもたちが主体的に楽しめる「場」をつくっています。ここでは，その遊びの概要を紹介し，実際に運営に当たっているNPOの子育て支援部門代表の川崎敦子さんのインタビューを紹介します。

　なお，具体例の紹介は『彦根妖怪図鑑』（NPO法人芹川子育て支援部門，2013）に詳しく書かれていますが，残念ながらこの本は

いま簡単には手に入れることができません。そのため，ここでは『彦根妖怪図鑑』で紹介されている活動と，大学生たちと行った想像遊びの実践例をまとめた新美（2014）の論文を参考に，具体的な活動の状況を紹介します。

1）妖怪を用いた想像遊びの実際

　夏休みが始まる頃，ある妖怪の足あとがいくつも放課後児童クラブの建物近辺で見つかります。やがてその妖怪からの手紙が届いたことから，皆でその妖怪の出没しそうなところに探検に出かけてみようということになります。妖怪が出てくるかもしれないと，その「気配」を察しながら行動をともにすることで，子ども同士の交流が積み重ねられていったそうです。そうするうちに，夏も終わろうとする頃，放課後児童クラブの近辺にいた河童から手紙が来ます。手紙の趣旨は，「これから寒くなってくるので，自分は本拠地に戻らなければならない。しかし，夏の間に交流することができて，児童クラブの子どもたちのことが好きになった。これからも君たちのことを本拠地から見守っていくことにするからね」というものでした。

2）川崎敦子代表へのインタビュー

—— なぜ妖怪遊びを取り入れようと思われたんですか？

代表　前提として，放課後児童クラブにおける遊びの重要性ということがあると思っています。最近は，放課後児童クラブでも勉強を教えるように言われたりするのですが，私は放課後に思い切り遊ぶことで，日中の勉強に意識が向かうものと思っています。遊びきったと本人が思うことが大切なのです。それから，地域で遊ぶというのは昔からの放課後の姿であったように思いますが，

第6章　子どもを魅了する遊び

いま子どもたちにとって「放課後の地域」というのは存在しません。だから私は，放課後児童クラブは子どもにとっての地域であるべきだろうと思っているのです。つまり，家でもないし，学校でもない，そういう場所です。さらに，子どもたちはいずれ地域にお返ししなければならない存在ですから，子どもたちにとって地域というものがなくなってしまっているのなら，放課後児童クラブから地域をつくっていったらよいという意識を持っています。

　大前提として大切にしているのは，放課後児童クラブは大人がせっせと遊ぶ場所ではないということです。子どもたちが自分たちで自治をしながら，遊びの場を作り上げていくことに意味があるわけで，大人はあくまでもそれを支える存在です。私たちが関わるようになった最初の頃は，子どもたちは「さぁ，今日は私たちをどうやって楽しませてくれるの？」という感じで来ていました。その頃は大人が毎日準備をして，「今日はあれをしよう」という調子でやっていたと思うんです。子どもにとってはそれも楽しいかもしれないけど，それでは先生がいなくなったら子どもたちは自分たちの力で遊べません。放課後はそういう時間ではないはずなんです。

——　なるほど。子どもが自ら遊ぶという前提の上で，妖怪遊びを夏休みに取り入れようと思ったのはなぜだったんですか？

代表　放課後児童クラブの夏休みって結構しんどいんですね。先生にとっても，子どもたちにとっても。10時間保育，40日間という長い長い期間なんです。ある時，男の子が言ったんです。「僕，夏休みなかった」って。その時思いました。「あーっ，こんな夏休みではあかんな」って。だから，「放課後児童クラブにいて夏休みやと思える体験ができればいいやん」って思ったんです。それも大人も子どももワクワクできるような何かじゃなきゃあか

169

んって思いました。

　その時，私は違う放課後児童クラブにいたんですけど，そこで子どもたちとこの絵本（安曇幸子ほか『でた！かっぱおやじ』）を読んでいたんです。私はこれが面白いなと思っていて，これを夏休みにやりたいって言ったんです。その地域には，「はくそうず」という狐の妖怪が出るという言い伝えがあったんです。詳しい人に聞いたところ，この「はくそうず」は狂言の題材にもなっているくらい有名だということがわかったんです。そこで，絵本と同じように河童が出そうなところを探して行くと，そこに河童からの手紙が置いてあって，手紙に従って探すと次の手紙を見つける。そして何回か地域を回ると最終目的地である狐塚があるお寺にたどり着くという趣向の遊びをやったんです。とにかく，それが大反響でした。関わった人，みんながこの遊びに夢中になり，子どもだけじゃなく，保護者やパートで来ていた人，アルバイトの大学生，みんなが楽しかったんです。これだけ多くの人が喜び楽しめるものだから，何か意味があるんちゃうかって思いました。

――　そういう経験があり，彦根でもやってみようと思われたわけですか。でも，なぜ妖怪だったんですか？

代表　妖怪話って，要はその土地の昔話ですよね。私自身，昔話の勉強をしているんです。彦根で開催された，グリム童話の権威，小澤俊夫先生（筑波大学名誉教授）の「昔話大学」にも参加したりしています。小澤先生がおっしゃられていたんですけど，昔話って祖先からのメッセージなんですよ。昔話が何を伝えているかというと，「幸せになるための知恵」なんです。昔話は文字の文化がまだない頃から幸せになるための知恵を詰めた物語を，口承で伝えてきたものなんですよね。でも，現代の子たちはそれを聞く機会がなくて，つまり幸せになる知恵を持たないままに大き

第6章　子どもを魅了する遊び

くなってしまう。だから，昔話を語りなさいと言われていました。そんな経験がありましたし，その後もいろいろな場所で昔話を話して来ました。だから，昔話をしたかったんです。それもその土地に伝わるものが良かったんです。

　で，彦根の昔話を探したんですけど，実は彦根には昔話がなかったんです。伝説はあるんですけど，昔話はない。これって大きな違いなんです。伝説っていうのは個人名があって，特定の人の話なんです。昔話は「昔むかしあるところに」で始まる，どこの誰かわからない人の話なんです。昔話は何千年も語り継がれ，ヨーロッパでも日本でも話の内容に大差はない。つまり，幸せになるための知恵は一緒やということなんです。だから，昔話じゃなきゃダメなんですけど，彦根にはない。

　困っていたところに，古くから彦根に住んでいる人が「妖怪話ならあるよ」と教えてくれたんです。なので，妖怪話が目的というよりは土地に伝わる昔話を題材にしようとしたら妖怪になったって感じでした。

―― 実際に妖怪話，とくに芹川の河童を題材にした活動をされたわけですけど，やってみてどうでしたか？

代表　面白かったのは，彦根には妖怪を見たっていう人が何人もいたことです。ある講演会の時におばあさんが「私が子どもの頃に芹川に河童が住んでたんですけど」って普通に言うんです。思わず「住んでたんですか？」と聞き返してしまうくらい当たり前のことのように言うんです。そんな感じで，いくつかの妖怪話が彦根に残っていることがわかった。そこで最初に導入した小学校の地域に残っていた河童の話を取り入れました。

―― 活動をされている中で，特徴的な出来事ってありますか？

代表　どこでやっている活動でもそうなんですけど，夏休みの終

わりころには河童を見たと言う子が続出するんですね。もちろん，私たちも河童の痕跡であるかのように食べかけのキュウリを置いたり，いかにも河童が書いたかのように見える工夫した手紙を置いたりします。でも，私たちが仕掛けたもの以上のものを子どもたちは見つけて来ます。例えば，ある時，河童からの手紙を置いてある場所に行った時に，マヨネーズの空容器が２つ落ちているのを子どもが見つけたんです。それを見て子どもたちは，「あっ，河童もキュウリを食べるときはマヨネーズをつけるんだね」って発想するんです。

—— この遊びの意義と言いますか，放課後児童クラブにおける役割ってなんだと思われますか？

代表　放課後児童クラブは，「いま」良い子を育てることが目的ではないはずです。将来，しっかりと生きる力を持った子どもを育てる場であるべきです。子どもの時に地域の妖怪と仲良くなり，その妖怪がいつも自分の背中を押してくれている，支えてくれているって思えるような経験が，大事なことだと思うんです。地域が自分を支えてくれているってことですよね。

　私はつねに発達論で考えています。将来生きていくために，いま何が必要か。自分の生まれ，育った土地を好きになる，誇りに思うことが第一歩かなと思っています。そのために，この活動はとっても意義があると思っています。この活動では地域を歩き，地域の人と話しますからね。いまの子どもたちは，日頃地域から切り離されて育てられています。それを妖怪が地域に戻してくれるんですよね。

　それと先ほどもお話ししたようにたまたま妖怪になったんですけど，妖怪で良かったなって思うことがあります。それは，妖怪って子どもにとってはやっぱり少し怖い存在なんですよね。怖

いけど見たい。すると子どもたちは結束するんです。協力して見つけようとする。それがすごくいいですよね。

あと，面白いのは大人もものすごく熱くなるし，楽しめるということです。河童の色であったり，河童はいるのか，いないのかであったり，本気の議論が起こったりするんです。地域の人も本当にみんなが協力してくれるし。そうやって，子どもが育ち，それを大人も楽しめる活動ですよね。

―― 河童遊びをしている時に大切にしている工夫はありますか？

代表　いくつもありますけど，1つ大切にしているのは縦割りのグループでやることですね。基本的には大人が入らずに，子どもたちを縦割りのグループで話し合ってもらっています。どのグループも5，6年生がリーダーになって，河童を見つけるための戦略を練り，河童への手紙をどうやって，誰が書くかを考えるのです。年齢が違うので，自分が手紙を書くとか，私は持っていく役割をするとか，みんなが活躍する場所がグループで考えだされていくんです。時に5，6年生はなんだか少し疑っていて，河童にまつわる何かが落ちていたりすると，「先生か？」と聞いてきたりするのです。考え方が少しずつ大人になってきているので，半分疑ってかかっていることもあったりするんです。そんなふうに異なる人たちが協力しあって何かに向かうというのは，とてもいいことなのではないかと考えています。

3) カウンセラーが見た妖怪遊び

臨床心理士である新美（2014）は，この妖怪遊びの存在を知り，いくつかの意味で面白いと考えたそうです。新美は論文にも書いていますが，これはお化け，つまり幽霊ではなくて，妖怪である

ことに意味があったというのです。ところで幽霊と妖怪の違いはどこにあるのでしょう。それは，幽霊は元人間であって現実にいた人，妖怪は元神様で実在しない存在であることです。妖怪は人間のいるところとは別の次元に存在しています。また，土地に根付いて生息している存在でもあります。

　新美は，ここで紹介したような妖怪を介在させる遊びについて，子どもたちがコスモロジーに触れる遊びであると解しています。コスモロジーとは，地上環境といったような意味での直接的な世界認識よりもさらに大きい，宇宙やあの世などを含む別次元の世界観のことを指しています。昔の人が「川に近づくと河童に足を引っ張られて川に引きずり込まれるぞ」と子どもたちに言っていたのは，危ないから川に近づかないようにさせるための悪意のない嘘，方便あるいはフィクションだったのかもしれません。でもフィクションであれ何であれ，こうした想像の世界は子どもたちに，時に死をも連想させる，目に見えない深淵な世界，豊かな世界があることに気づかせてくれるでしょう。山から生まれた生命が，川を流れて死の世界である琵琶湖に流れ込むといったような神話的な意味合いを日常生活に持ち込むことができるなら，その時私たちの時間空間は大きく広がるものと考えてもよいのではないかと新美は指摘しています。

　このように地域に根ざしたコスモロジーに触れることで，子どもたちはもちろんのこと，保護者や関わった大人たちも，深い経験，少し大げさに言えばたましいの癒されるような経験をすることになると新美は話しています。

3 FunKids（運動遊び児童クラブ）

FunKids（ファンキッズ）は，大学教員と学生がともに運営している小学生を対象とした運動遊びのクラブです。このクラブでは，さまざまな運動・スポーツを取り入れた遊びを通じて，幅広く多様な動きを習得することをめざしています。参加者たちは毎月異なる種目を経験し，楽しく遊びながら少しずつ上手になろうとしています。種目は，野球やサッカー，ホッケー，バドミントン，タグラグビーなどで，秋の運動会の前には陸上の専門家を招いて「かけっこ教室」なども行っています。

1) 子どもの運動発達の多様性

さて，子どもの運動発達には2つの方向性があると言われています。1つはいろいろな種類の動きができるようになる「多様化」であり，もう1つは特定競技のスキルなど，特定の動きがレベルアップする「高度化」あるいは「精緻化」です。違う言い方をするなら，いろいろなことができるようになる成長と，1つのことに熟達するような成長です。

子どもは小学校4年生頃までに神経系が急激に発達すると言われていますので，この期間に，なるべくたくさんの動きを身につけることが良いと考えられます。

早いうちから1つの種目に限定し，将来プロをめざしたいという子どもや保護者の方をよく見かけます。それが悪い訳では決してないのですが，練習する合間の時間を使うなどして，それとは違うさまざまな動きを身につけることも大事なことではないでしょうか？　例えば遊びの時は他の遊び方で遊んでみるとか，たまには違うボールを使ってスポーツ以外の遊びをしてみることも

図6-5 節分の季節に合わせて,お面をつけて室内ホッケーを楽しむ

大切なことなのです。

2) FunKidsが大切にする3つの原則

さて,FunKidsの取り組みですが,ここではこのクラブが大切にしている3つの原則について紹介しておきたいと思います。その3つとは,①いろいろな動きができるようになること,②「やった,できた!」という成功体験を大切にすること,③楽しさを生み出すことの3つです。

まず多様な動きができるようになることですが,FunKidsの場合,例えば野球を行う期間であれば,投げる,捕る,(道具を使って)打つなどの「育てたい動き」をスタッフ同士で事前に確認します。そしてメニューをつくる際に,その動きを育てるような遊

第6章　子どもを魅了する遊び

びを取り入れるのです。FunKidsがめざしているのは野球そのものレベルアップを図るだけではなく，その中に入っている要素としての「動き」が上手になることなのです。

　2つ目の「やった，できた！」という成功体験ですが，これは子どもの運動に対する自信を高めることがねらいです。では，成功体験をするために重要なこととは何か？　成功体験の土台にあるのは，実は"失敗体験"です。子どもたちは「あれ？」とか「できないな？」とか「どうやったらできるのかな？」という体験をします。時には悔しい思いをしたり，涙を流したりすることもあるかもしれません。その分，できた時の「やった！」という喜びは強くなります。

　近年は"ほめること"とか"ポジティブ"であることが強調されすぎていて，ややもすると失敗体験が悪いことであるかのような印象を持っている保護者の方も多いのではないでしょうか？しかし実は，いかに上手に失敗させてあげられるかが鍵なのです。失敗を悪いこととして捉えるのではなく，むしろ上手になる途中経過として理解し，「どうやったらできるようになるだろう？」と励まし，本人の「できるようになってやるんだ」というモチベーション（やる気）を高める"チャンス"として捉えることの方が大事です。

　そのため，FunKidsでは成功したか失敗したかだけで子どもの評価をしないように心がけています。やってみようとトライしている子に注意を向け，たとえできていなくても「惜しい！」とか「もうちょっと！」と勇気付ける声かけを大事にしています。そして，その中で必ず，少しずつよくなっている"変化"を見つけるようにするのです。

　例えば，サッカーのリフティングをしているとしましょう。リ

177

図 6-6　跳び箱が跳べない子から台上前転ができる子まで，皆が一緒に身体を動かすことを楽しむ場所

第6章 子どもを魅了する遊び

図6-7 跳び箱は跳び越えるだけでなく，高さを活かして上から跳び降りたり，おしゃべりをするベンチがわりとして活かしたりもする

フティングはコツをつかむまで難しい側面があり，回数が増えないとか，長く続けられない子どももいます。そんな子には，「おっ，3回できたね」などという声をかけるだけでは，すぐにかける言葉がなくなってしまいます。そうではなく，「さっきよりもボールの真ん中に足が当たってたね」とか「さっきはこの辺で蹴ってたから高すぎたけど，今くらいの高さまで待てると上手に行きそうな気がするな」などというように，ちょっと前の自分からの変化などを伝えるようにしています。

　最後に「楽しさ」ですが，例えば，投げるという「動き」の経験を重ねる場合にも，単にキャッチボールをするだけではいささか単調で面白みにかけるように感じられるかもしれません。そうであれば，ある程度キャッチボールをしたら，その後は「ストラックアウト」（的当てピッチングゲーム）のようなゲームを行うと何とはなしにワクワクするものです。また，天井からぶら下げた風船を的にすると，揺れる風船をより精密に狙おうとする気持ちが芽生えます。FunKidsでは，このようにして難度を徐々にあげながら，さらに投げる能力を向上させる遊びをしています。

　このような一手間を入れることで，それまではすぐに飽きてしまっていたキャッチボールが，ゲームに勝つための準備であり，熱中できる遊びとして機能し始めるのです。またキャッチボールそのものをゲームにしてしまうことも可能です。子どもが野球のルールを知っているのであれば，ストライク・ボールのカウントをしてあげても良いでしょう。構えたグローブを動かさずに，違うところに来たら捕らないというのも，楽しいゲーム感覚を生むきっかけになるかもしれません。

　FunKidsに来ている子どもの中には，運動が得意だし好きという子もいれば，もともとあまり得意ではなく，好きでもなかった

という子もいます。運動が得意な子は，大人が関与しなくても運動遊びをする機会は多いかもしれませんが，運動が得意ではない子は，自ら進んで運動をする機会が年齢が上がるにつれて減っていくと考えられます。運動が得意な子どもは自分に対して持っているイメージ（心理学で言う「自己像」）がポジティブ（肯定的）で，友人関係を築くのが上手いと言われています。

（炭谷将史）

第7章　子どもの遊びと学び

1 遊びの中の経験

　本来，遊びは目的をともなわない行為のため，質の良い遊び，質の悪い遊びと評価するものではありません。しかし，遊びを通して，多様なことを経験し体験することで，子どもは多くのことを学び成長します。大人は，子どもが遊びを通して，からだを丈夫にしてほしい，友だちと仲良くなってほしい，想像性を伸ばしてほしいなどと期待するものです。一体，子どもは遊びの中でどのような経験をし，それが子どもの成長とどのようにつながっていくのでしょうか。

　幼稚園や小学校の教員を志望する大学生に，「幼児の砂場遊びには，どのような経験や学びがあると思いますか」と質問してみました。この質問に対する答えとして返ってきた内容を整理すると，次のカテゴリーにまとめることができます。「感覚（砂の冷たさ，色，感触）」「自然や生き物（虫，植物，風，暑さ）」「運動スキル（道具の使い方，手先の器用さ）」「体力（土を掘ったり運んだり）」「協力（友だちと一緒に遊ぶ・造る）」「コミュニケーション（話す，相談する，アイディアを出し合う，意見を聞く）」「表現力（造って表現する，イメージを膨らませて造る）」「知識（水や土の特性，物理的法則）」「開放／解放感（土や泥にふれること，泥だらけに慣れる）」「達成感（遊びきった感じ，砂で造りあげたこと）」。

　改めて整理してみると，子どもたちは本当にいろいろなことを経験し学んでいることに気づかされます。次に，「幼児がどんなふうに遊ぶと，遊びでの経験がより豊かなものになりますか？」と尋ね，グループで議論をしてもらいました。そうすると，次のような意見が出てきました。「砂が固かったり柔らかかったりしたほうが良い」「砂場の位置が静かで安全な場所が良い」「スコッ

第 7 章　子どもの遊びと学び

プや水など，いろいろなものが使えると良い」「多くの友だちと
遊んだほうが良い」「異年齢の子どもで遊んだほうが良い」「大人
が道具やアイディアなどで支援できると良い」「大人がほめたり
共感したりしたほうが良い」

　この回答をしてくれた大学生も少し前までは子どもだったので，
子ども時代に存分に遊びこんだ感覚が残っていたおかげか，この
ような多様な意見が出ました。これらの回答をみてみると，砂
場で遊ぶ場合は，広くて開放的な砂場で，多くの友だちと一緒に
なって遊んだほうが良いというイメージがあることがわかります。
きっと，そうやって遊んだほうが面白いに違いありません。しか
し，「砂場は狭いスペースがいい」「大人が介入しないほうがい
い」「砂場だけあればいい」という意見もみられ，こちらも納得
できるものではないでしょうか。私たちの多くは，狭っくるしい
ところで，1 人で，何をつくるということもなく，砂を集めたり
掘ったりした経験があるはずです。それで何を学んだか聞かれて
も，答えに窮しますが，そうした経験も私たちの記憶のずっと奥
に刻まれているのも事実です。そこには，自分という人間と対峙
する機会があったのかもしれませんし，砂に触れることで何か別
の感覚が呼び起こされたのかもしれません。これも遊びなのだと
思いますし，こうした遊びも子どもが大人になっていく中で経験
しておくべき大切なことだと思います。私も大学生も，このこと
をうまく表現できませんが，感覚的にそうだと思っていることで
す。遊びの中の経験には，言葉で表現できないあるいは他者には
伝えにくいといった多様な内容を含んでおり，そのような経験を
通して多様なことを学んでいるに違いありません。

2 教育・保育の効果

　近年，教育・保育の分野では「エビデンスに基づいた」「エビデンスを根拠とした」という言葉をよくみかけます。エビデンスとは，この言葉が使われる領域や目的によって多少言葉の意味が異なりますが，科学的証拠，科学的実証という意味で使われるのが一般的です。教育・保育の領域では，「ある指導方法をとれば，これだけの効果があること」を，科学的データで証明したものがエビデンスとされます。

　教育・保育の分野での指導のあり方についても，科学的な根拠のある確かな方法で行うことが期待されています。しかしながら，従来の乳幼児期や児童期前半の子どもを対象とした教育・保育では，愛情をたっぷりと注ぎ，子どもの気持ちややりたいことを尊重しながらも，社会的ルールや友だち関係などのしつけに関してはしっかりと教え込むという考え方が主流でした。このような教育・保育の技術は職人技とみなされ，評価の対象とすらならなかったものです。したがって，教育・保育の技能が高いか低いかは，かなりのところ個人が備え持つ特性や能力に拠ると考えられてきました。例えば，先生の性格が明るいから子どもは活発に遊ぶ，というように考えられてきたのです。こうした考え方はまだまだ残っていますし，個人の特性や能力も教育・保育の技術と無関係とは言えないのかもしれません。しかし，教育・保育の技術は，学校や園全体の総合的な教育体制によって左右されるのであって，教員同士の協働やさまざまな研修を通して，培われるものと考えるべきです。そうでないと，教員の内向的な性格を直さない限り，技能の向上は期待できないことになってしまいます。

　それでは，教育・保育の技能が高いか低いかは，どのようにし

第7章　子どもの遊びと学び

て判断するのでしょうか。1つの指標は，設定した教育・保育の
目標の達成度合いとなります。対象となる児童・生徒の知識やス
キルの習得状況が相当します。最近，注目されている学力調査の
結果も1つの指標として考えられます。また，高校なら，進学実
績や就職実績が相当する指標として考えられます。では幼い子ど
もの場合，教育・保育の技術を評価する指標はあるのでしょうか。
幼稚園や保育所では，衣服の着脱や排泄などの基本的生活習慣を
自立的に行えるようになることのほか，自分の気持ちを表現した
り抑えたりできること，友だちと仲良くいろいろな遊びができる
こと，集団生活に必要なルールや規律を守ることができることと
いった，情動的，情緒的側面での成長を目標としています。そう
なると，教育・保育の効果は，情動的側面での成長度合いを基準
として評価することになります。

　幼稚園や保育所では，遊びを通して指導していくことが原則で
すので，教育・保育の効果は同時に遊びの効果とみなされる場合
もあります。仮に遊びの効果を問うとすれば，手先が上手く使え
るようになったか，少し激しい運動ができるようになったかと
いったことの他，情動的側面がどれだけ発達してきているかがと
ても重要なこととなります。

　それでは，子どもの情動的側面の発達に，遊びがどのように影
響するかを具体的にみていきます。

3　子どもの非認知能力を育てる

　情動的側面で，今最も注目をされているのは，「非認知能力」
と呼ばれるものです。近年，教育効果を推定しようとする教育経
済学の領域において，IQや学力などに代表される認知能力より

も，非認知能力の方が後の学力，就労条件や労働賃金，健康状態などに影響すると指摘されています（Heckman and Katuz, 2013）。ノーベル経済学賞受賞者の Heckman らによれば，非認知能力とは「意欲，勤勉性，忍耐力などのパーソナリティ特性，適応力，選好などの能力」のことを指し，性格スキルと称されることもあります。子どもの非認知能力がどのように発達するかについては，家庭環境や保育・教育の質，遊び体験などが影響すると指摘されていますが，どのような経験が大切かについては具体的に示されていません。

この非認知能力とほぼ同じ意味合いで使われる言葉があります。それは経済協力開発機構（OECD, 2015）が提唱する社会情動的スキルです。社会情動的スキルは，「(a) 一貫した思考・感情・行動のパターンに発現し，(b) 学校教育またはインフォーマルな学習によって発達させることができ，(c) 個人の一生を通じて社会・経済的成果に重要な影響を与えるような個人の能力」と定義されています。これらのスキルは，目標を達成する力（忍耐力，意欲，自己制御，自己効力感），他者と協働する力（社会的スキル，協調性，信頼，共感），そして情動を制御する力（自尊心，自信，内在化・外在化問題行動のリスクの低さ）を含んでいるとされます。

社会情動的スキルと認知的スキルは図 7-1 のような関連にあり，相互に影響をおよぼし合うことが想定されています。つまり，学校や家庭での学習を通して知識や思考などの認知スキルを向上させることは，忍耐性や自信などの社会的情動的スキルの育成に影響をおよぼすことがあると考えられ，また逆方向の関係も成立すると考えることができます。

この OECD の報告書においては，社会情動的スキルの発達における家庭や学校の役割の重要性は次のようにまとめられていま

第7章　子どもの遊びと学び

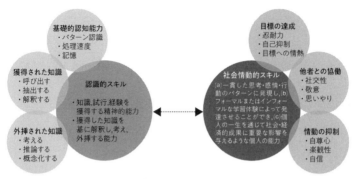

図7-1　認知的スキル，社会情動的スキルのフレームワーク（OECD, 2015）

す。幼児期の間は，子どもが家庭で過ごす時間が比較的長く，また脳の可塑性が比較的高いことから，家庭の役割が大きく，この頃の本を読む，ゲームをして遊ぶ，一緒に食事をするといったような親子のやりとりは，親子の間に強い感情的な結びつきをもたらします。そしてそれが子どもの社会的スキルおよび情緒的安定性を形成するのに役立ちます。学校では，正課活動としての学習は，各教科の知識やスキルの習得だけでなく，課題を解決する力や仲間と協力する力などの社会情動的スキルを強化させることができます。また，助け合うことや思いやることを尊重する学校・学級風土となれば，これもまた子どもの社会情動的スキルを形成するのに役立つこととなります。さらに課外活動は，生徒の社会情動的スキルを強化するもう1つの重要な手段です。スポーツ，音楽，芸術などの部活動は，子どもたちが別の特定のスキルを学びながら社会情動的発達を促進することができる，強力な手段となる可能性があります。

　子どもの非認知能力および社会的情動的スキルは，健康状態や

労働状況の他，生活をより良いものにしていくために必要な力です。これらの能力が，幼児期から児童期の頃に最も発達する時期であること，また，家庭や学校での多様な経験がこれらの能力の発達と強く関連していることがわかります。そして，親との暖かい関係の中での遊び，友だちと協力ができる遊び，自分の力で最後までやり遂げる遊びなど，多様な遊びの経験が，これらの能力を育てる役割を担っていると言えます。

4 夢中になって遊ぶこと

　誰しも，時間を忘れて夢中になって遊んだ記憶があるはずです。遊びが面白かった記憶，わくわくドキドキした記憶，あるいは不思議な世界を垣間見たような感覚の記憶などなど。大人になり細かいことは忘れてしまったとしても，子ども時代に夢中になって遊んだ記憶はかすかに大人の心にも刻まれています。

　こうした夢中になって遊んだ経験が，子どもの成長にどのように影響するかという視点から，「遊びの夢中度」ということを考えた人がいます。この考え方は，子どもの健全な発達を保障するには保育の質を向上させなければならないというところから出発しています。子どもの遊びへの夢中度は，遊びの様子を観察したうえで，「子どもはほとんど何の活動もしていない」から「子どもは絶えず活動に取り組んでおり，完全に没頭している」までの5段階スケールで評価されます。具体的な項目は表7-1（中坪，他，2010）のとおりです。こうした評価をするのは，子どもの健全な成長にとって，子どもがどのくらい遊びに夢中になっているかが重視されているからです。それは，遊びの中に子どもの成長に必要な経験が詰まっていると考えられていることが前提で，夢中に

第7章　子どもの遊びと学び

なって遊ぶということは，遊ぶ時間が長くなり，しばしば遊ぶ人数も多くなり，繰り返し遊びますので，いろいろな工夫や仕掛けを自分で用意することが必要になります。そして何よりも，夢中になって遊んでいると，つい我を忘れてしまうことになり，そのとき本当の自分気づくという「哲学的思考」があるのかもしれま

表7-1　幼児の「夢中度」の尺度 (中坪他，2010より引用)

1	非常に低い	子どもは，ほとんど何も活動していない ●集中力がない状態（きょろきょろ見る・うとうとするなど） ●感情がない　受身の態度である ●目的のない行動　生産的な動きをしていない ●探求心や興味・関心が見られない ●何も自分の中に取り入れようとしない
2	低い	子どもは，ある程度は活動はしているが，それがしばしば中断する ●集中力が限られている（活動中に目が離れる　ぼんやりする） ●簡単に気が散ってしまう ●単純な結果しか引き起こさない行動をする
3	普通	子どもは，いつも忙しそうにしているが，本来の集中力は欠けている ●決まりきった行動，表面的な注意力しかはらっていない ●活動に夢中になっていない　活動が長続きしない ●限られたモチベーション　本来の集中力がない　挑戦する意欲がない ●子どもは，深いレベルでの経験を得ていない ●子どもの能力を十分に発揮していない ●その活動は，その子どもの想像力を刺激していない
4	高い	子どもは，明らかに活動に夢中になっているが，つねに精一杯取り組んでいるというわけではない ●子どもは，中断することなくその活動に取り組んでいる ●ほとんどの時間，本来の集中力が見られるが，ちょっとした瞬間に注意力が表面的になる ●挑戦する意欲があり，ある程度のモチベーションが見られる ●子どものある程度の能力や想像力が，活動の中で扱われている
5	非常に高い	観察中，子どもは絶え間なく活動に取り組んでおり，完全に没頭している ●完全に集中している　中断することなく焦点を定めている ●高いモチベーション　その活動に強い興味を持っている　辛抱強い ●何か邪魔が入っても，気を散らすことがない状態 ●敏感である　細部にも注意を払っている　几帳面に活動している ●知的精神的活動であり，経験が豊かである ●子どもは，絶えず全力を尽くしている（想像力や精神的能力を最大限に働かせている） ●明らかにその活動に夢中になることを楽しんでいる

せん。夢中になって遊ぶことは本当に素晴らしいことですからそれを評価し，より夢中になって遊ぶことができるように支援していくことが必要となるわけです

　このような夢中になって遊ぶことは，幼児教育の世界で著名なモンテッソーリ教育においても重要だと考えられています。モンテッソーリ教育法では感覚教育を大切にすることから多種の教具を用いることが知られています。それらの教具はモンテッソーリ教具と呼ばれ，質量や数量の感覚を養うことを助けるものです。例えば，図7-2のようなモンテッソーリ教具があります。モンテッソーリ教育では，子どもが夢中に遊ぶときに，集中するという現象がその後の子どものエネルギーとなっていくという考え方があります。佐々木（2006）は，子どもが夢中になって遊ぶ姿を次のように述べています。砂場での泥だんごづくりをしている子どもを観察していると，泥や砂に水を加え，握って固めてだんごを作ります。それに興味を持った子どもは，しゃがむという大変窮屈な姿勢でも30分，40分と平気で遊びに集中します。冬の寒い，手がかじかんでしまいそうな日であろうとへっちゃらです。

 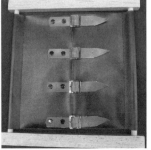

図7-2　モンテッソーリ教具の例（左：感覚教具，右は生活技能教具）

第7章 子どもの遊びと学び

そして，望みどおりにたくさんの泥団子ができあがると，とっても嬉しそうにしています。このように遊びに集中することで子どもは我慢する力，自分をコントロールする力を自然に学んでいくのだと説明されているのです。

5 自発的な遊び

　図7-3は，幼稚園や保育所における保育方法（または保育形態）と運動能力の関連を示したものです（吉田，2016）。この調査は保育方法について園での日頃の活動（主に遊び）をクラス全員で一斉にすることが多いのか，それとも子ども一人ひとりが自由な活動をする自由遊びが多いのかを尋ねて調べたものです。全員で一斉にする方を「一斉保育」，自由遊び中心の方を「自由保育」とし，この2つのグループと，どちらも「半々」というグループを加えた3グループに分類し，それぞれの園の幼児の運動能力を比較したものです。運動能力は，走力，投力，協応性などを測定する6項目のテストの合計点で評価されています。

　図を見てみると，「半々」，「自由」，「一斉」の順に，幼児の運動能力が高くなっていることがわかります。とくに，「自由」の方が「一斉」よりも高くなっていることが注目されます。このような結果にどうしてなったのでしょうか。この結果は，クラス全員で活動することはよくないのか，先生が全員に指導するのは良くないのかという解釈も可能であり，教師としては悩ましいものです。しかし，もう少し調べてみると，「一斉」グループでは，クラス全員で活動するため教師の説明が長かったり順番を待ったりしなければならず，そのことで活動量自体が減ったり，活動を楽しむことができなかったりするということがわかりました。多

くの幼児が一斉に遊ぶためには，安全指導として注意やルールを説明しておく必要があります。しかし，安全は何よりも大切なことですが，安全面を重視するあまり，子どもの意欲をそぐことにならないようにしなければなりません。一方「自由」グループでは，子どもの興味関心に応じた遊びをすることになりますので，結果的に子どもの意欲を高めることにつながっていきます。あるいはまた，「自由」グループの場合，子どもが主体的に遊ぶことができる環境が整っている可能性もあります。ここでいう環境には，教師や保育者が子どもの興味や関心に応じて，運動遊びができるように工夫や仕掛けをすることを含んでいます。教師や保育者が，個々の子どもの状況に応じて，その時その時の場面に応じて，励ましたりほめたりするような，言葉掛けの支援も含まれま

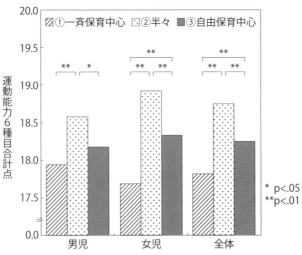

図 7-3　幼稚園の保育形態による運動能力の比較（吉田，2016）

第7章　子どもの遊びと学び

す。さらには，走ってみたい，登ってみたいという気持ちにさせるような遊具や遊び場・スペースがあることも含まれます。

　総じて，この結果は，自発的な遊びが運動能力を高めるのに効果的であることを示したものと捉えることができます。いわゆる，エビデンス（科学的証拠）に相当します。自発的な遊びがより運動能力を高めているという結果は，幼稚園や保育所での遊びの重要性を再認識させてくれるものです。小学校での休み時間や放課後においても，子どもが自発的に遊ぶことができる仕組みづくりが大切であることを，このエビデンスが支持します。

　運動遊びの心理的側面に注目すると，運動遊びは意欲的な心の育成と社会的適応力の発達に貢献すると考えられます。それも，運動遊びが自発的であるほど，それらの情動的な力は育つと考えても良いでしょう。意欲的な心とは，とくに遊びから得られる成功体験によって育まれます。そして，運動遊びへの意欲が高まると，遊ぶ機会が増え，さらに意欲的に取り組む態度が培われるものです。社会的適応力は，自己を抑制し，友だちと協調する社会性のことです。その力は，多くの友だちと群れて遊ぶことで形成，また運動遊びの得意な子と不得意な子とが一緒に活動できるように工夫をすることで育つと考えられます。

　一方，運動遊びがあまり得意でない場合は，子どものこころの成長に否定的な影響をおよぼすことが懸念されます。いわゆる身体的不器用さを呈する子どもは，友だちから仲間はずれにされることが増え，自分から運動遊びに入ることを避けるようになりがちです。その結果，自信をなくして何事にも消極的な態度をとるようになり，自分はできないと劣等意識をもつようになることがあります。

　自発的な活動が子どもの発達に肯定的影響をおよぼすことは，

195

上の運動面だけでなく，言語面においても指摘されています。例えば，子どもの語彙能力と親のしつけの関連性を調べた研究結果では，親のしつけ方を，ふれあいを重視し子どもと体験を共有する「共有型」スタイルと，大人中心のトップダウンのしつけや力によるしつけ方を特徴とする「強制型」スタイルに分類したうえで，強制型しつけスタイルと比較して，共有型しつけスタイルの子どもの方は語彙能力が高いことが報告されています。つまり，子どもと一緒になって，ふれあいを重視しながら，絵本を読んだり遊んだりすることが，子どもの言葉の力を育てていることになります。おそらく，そうした共有型のしつけは，子どもが自発的に遊ぶことを促すことにつながっていると考えられます。

また，ベネッセ教育総合研究所は，幼稚園等に通う年長児をもつ保護者2266人を対象に調査を実施した結果，幼稚園や保育園で「遊び込む経験」が多い方が「学びに向かう力」が高いことを報告しています（図7-4）。ここで取り上げられた「遊び込む

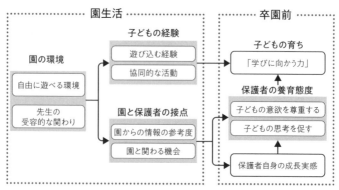

図7-4 「遊び込む経験」と「学びに向かう力」の関連
（ベネッセ教育総合研究所, 2016）

第7章　子どもの遊びと学び

経験」とは，子どもが主体的に遊びに入り込むような経験（「遊びに自分なりの工夫を加える」「見通しをもって，遊びをやりとげる」「先生に頼らずに製作する」「挑戦的な活動に取り組む」「好きなことや得意なことをいかして遊ぶ」「自由に好きな遊びをする」の 6 項目）を，「遊び込む経験」と総称しています。また「学びに向かう力」とは小学校入学以降の学習や生活につながる幼児期の学びとして設定した 3 つの軸（「学びに向かう力」「文字・数・思考」「生活習慣」）の 1 つであり，好奇心・協調性・自己統制・自己主張・がんばる力などに関係する力を指します。ここでも，自発的で主体的な遊びが子どもの情動的側面の発達に影響することがわかります。

6 応答的環境

　自発的な遊びが運動や言葉の発達に良い影響をおよぼすことを述べましたが，それ以外にも子どもの発達に影響することがあります。それは，子どもがどのような環境にあるかということです。ここで環境とは，公園や森といったような物理的環境そのもののことではなく，応答的環境，すなわち子どもを取り巻く相互関係という意味での環境を言います。例えば，森の幼稚園が秘かなブームになっていますが，その森はまさに応答的環境というべきものです。森の中を歩くとわかりますが，ひんやりとしていて静かで空気もきれいなので落ち着いた気分になります。森の中には木々や葉っぱ，小川があり，虫や鳥などがいて，触ってみたい，捕まえてみたくなります。森の環境が子どもたちに刺激を与えるのです。森の中で声を出してみると低く響きます。木を持って土や葉っぱや石を叩くと音がしたり曲がったり，転がったりします。

子どもたちから森へ反応することができます。さらに，子どもたちは虫の音を聞き，虫がいる方向へ近づき，虫を捕ろうとすると虫は逃げます。子どもたちは追いかけて，また捕ろうとします。子どもたちと森が相互に作用し合っているのです。この子どもと森の関係のように，両者がお互いに刺激し反応しあい，相互作用する関係にあるような環境のことを応答的環境と言います。

　砂場では，子どもがじょうろに水を入れて砂場まで持っていき，砂場に水を入れることで，砂場は川やダムに変化します。砂に水を入れてみたらどうなるのかと，子どもの感覚は刺激されます。水を入れて砂が柔らかくなるのを見て，子どもたちは触ってみたいと反応します。このように砂場に水を入れると砂は柔らかくなったり，乾くと固くなったりして変化に富みます。この変化に富むことを可塑性があると言います。この例のような可塑性のある環境も，応答的環境と言います。

　砂場や森だけが応答的環境ではありません。砂場や森で，いろいろな刺激を受けたとしても，行動しない限り，応答的環境とはなりません。アスファルトの道路で遊ぶ場合，日差しで熱せられたアスファルトなら，触ってみたい，裸足で歩いてみたいという思いが働くかもしれません。しかし実際に裸足で歩いてみると，熱過ぎるので，日陰になったところを探すことになります。でも，やっぱり歩きたいと思うと，水を持ってきたり，シャツを置いてみたりして熱さをやわらげようとします。そのようにして遊ぶことができれば，アスファルトの道路も応答的環境になるのです。しかしまだ幼い子どもだとこんなふうにはなかなか遊べません。「本当に，アスファルトの道路は熱いなぁ」「太陽が熱くしたのかなぁ」「裸足になってみる」「冷ますにはどうしよう」「水をもってこようか」「ちょっとは歩けるなぁ」「夕方になったらどう

なるのかなぁ」というように，子どもに共感したり手助けしたりする大人が必要になります。こうした大人の存在も応答的環境の1つの要素になります。こうした環境との応答を通して，子どもたちは新しいことや創造的なことを少しずつ学んでいくのです。

7 遊びとアクティブ・ラーニング

近年，教育界では「アクティブ・ラーニング」という言葉がたいへん注目されるようになってきました。アクティブ・ラーニングとは，子どもが先生から教えられることをただ一方的に受け容れるのではなく，能動的・主体的に学ぶことで理解力を高めていく教育方法のことを言います。教師が一方向的に授業するような従来のスタイルではなく，子どもたちが議論したり発表したり，体験したり実験したりすることで，子どもたち同士が学び合うスタイルの学習形態です。

アクティブ・ラーニングのスタイルは，ただ単に議論したり実験したりするだけで十分というわけではありません。問題発見や

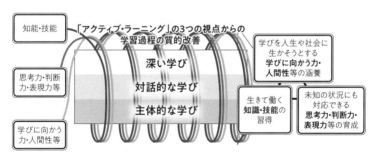

図7-5 「アクティブ・ラーニング」の3つの視点からの学びの過程
（中央教育審議会，2016）

問題解決を念頭に置いた「深い学び」となっているかどうか，自らの考えを広げ深めるような「対話的な学び」となっているかどうか，見通しを持って粘り強く取り組み，自らの活動を振返って次につなげる「主体的な学び」となっているのかどうか，という3つの視点が，このアクティブ・ラーニングに重要なこととされています（図7-5）。

　ここでアクティブ・ラーニングの観点から「ポップコーンパーティをしよう」という幼児の活動を例に子どもたちの学びについて検討してみましょう。年長の子どもたちがポップコーンパーティを開催します。自分たちの手で会場の準備をし，ポップコーンを調理し，年少の子どもを招いてパーティを開こうという計画です（具体的な内容は文部科学省〈2016〉の資料を参照）。そのとき子どもたちは，机や椅子をどの場所に置けばよいのか，椅子に何人座れるか，これだけの材料があれば何人分つくれるのかといったことを確認しながら，会場の準備をすることになります。そうしたことを行うなかでの試行錯誤や予想・予測，確認作業，規則性などを体験するところに「深い学び」が起こるのです。ポップコーンはどうやって調理するのか，どのくらい必要なのかを，仲間と相談しながら決めていくことになるでしょう。そうした過程を通して子どもたちは，仲間の気持ちを推し量りながら，どうやって事を進めていくのかを体得していきます。そのとき「対話的な学び」の視点が生まれるのです。さらに，年少の子どもにおかわりを持っていったり，後片付けをしたりするなかで，こうしたらよかった，ああしたらよかったとかと反省することを学びます。そうした経験を積むことで，子どもたちは自分の成長を自覚し，喜び，達成感や充実感を味わうことになるでしょう。まさに「主体的な学び」にほかなりません。幼稚園でのこうした遊び活

第7章　子どもの遊びと学び

動の中から，子どもたちは多様なことを学んでいくのです。

　教育学の世界ではいまアクティブ・ラーニングという新しい言葉が注目を浴びています。これまで述べてきたことを踏まえて言うなら，それは何も目新しいことではないことに気づかされます。「深い学び」「対話的な学び」「主体的な学び」の要素が織り込まれている活動とは，まさに遊びそのもの，遊びの本質なのです。

　子どもの遊びはいかなるものでなければならないのかが今問われています。子どもの遊びが子どもの成長にとって意味あるものであるためには，これまで述べてきた「深い学び」「対話的な学び」「主体的な学び」といった要素が織り込まれていなければなりません。子どもの成長にとって意味のある，本来的な意味での遊びを取り戻す必要があるのです。本書で取り上げ紹介してきた事例はそのための大きな参考材料になるはずです。いま本来的な意味での遊びを復権させることは，私たち大人の責任といわなければなりません。

（奥田援史）

おわりに

　奥田は「はじめに」の中で，本書は子どもにとって遊びがもつ意味を「不易」と「流行」という観点から問い直す試みであると述べています。お読みいただいて，子どもの遊びにおける不易と流行を理解していただくことはできたでしょうか？　本書を閉じるにあたって，「結果とプロセス」に関して，私がかねがね気になっていることについて触れておきたいと思います。

　日本では，ほとんどの幼稚園や保育所で，運動会や発表会が行われています。それらの行事は練習の結果（成果）を保護者たちに発表する場です。私たち親は子どもが「できるようになった」結果を目の当たりにして，喜びますし，時には感動すら覚えます。時折，涙を流している人を見かけることがあります。その感動はそれで構わないのですが，私が気になっているのは，その結果に至るまでの「プロセスを見る」ということはなされているのだろうかということです。

　私たちは，何らかの行為を獲得する途中で「まわり」と出会います。ここで言う「まわり」とは，物であることもあれば，人であることもあるでしょう。いま私たちが当たり前にできている，例えば「歩く」という行為も，赤ちゃんの頃は何回も転んだりしながら地面と出会い，まわりにある壁を頼り，少しずつできるようになっていったものなのです。ボールを「投げる」という行為にしても，何回も変なところに投げてしまったりしながら，その都度ボールと出会い，ボールを知ることで投げるという行為を習得していったものと言えるでしょう。

　私がここで言っている「プロセス」とは，この1回ずつの出会いのことです。子どもたちはさまざまなことができるようになるプロセスで，毎日「まわり」と出会っています。ところが，私たちはややもすると「できるようになったかどうか」という成果を重視するあまり，

子どもが「まわり」と出会い，そして何かができるようになっていく変化のプロセスを見落したり，軽視しがちなのではないでしょうか。

　公園で事故が起こると，安全を守るためという理由でその遊具は撤去されてしまいます。仮にその原因が子どもには回避不可能で，さらに命にかかわるような危ないものだとしたら，それは大人の責任であり，改められなければなりません。しかし，もし事故が子どもの少しの注意や能力によって回避できるものだとしたら，問題は，子どもが身につけるべきものを身につけていなかったという「プロセス」にあるということになるのかもしれません。大人がすべきことは，事故という結果が起こらないようにすることではなく，子どもが自分の力で事故を回避できるように条件を整えることです。

　第4章でご紹介した川和保育園の園庭には階段がありません。階段があることで，子どもは簡単に高いところに登れてしまいます。小さい子であっても階段を使うことで自分の身を守れないほどの高さまで簡単に登れてしまいます。川和保育園の園庭には高さを楽しむ遊具がたくさんありますが，それらは子どもたちが「能力を獲得する過程」を経ないとのぼれないようにできています。その過程を経て能力を獲得した子どもは，同時に自分の身を自分で守る能力を獲得していくのです。

　本書で紹介した保育所や幼稚園，あるいはさまざまな場所，活動においては，多くの場合，過程が大切にされているように思います。遊びはいつもプロセスです。子どもたちは何かを獲得しようという目的やねらいをもって遊んでいるわけではありません。私たちも少し立ち止まって，体や服が汚れるとか，何かを獲得できるかもしれないというような，結果はしばらく横に置いて，子どもたちが遊びの中で何をしようとしているのかをじっくり見守ってみようではありませんか。

炭谷将史

引用・参考文献一覧

［和文］

青木淳（2004）,『原っぱと遊園地』王国社.

アレン・オブ・ハートウッド卿夫人（2009）,『都市の遊び場』大村虔一・大村璋子訳, 鹿島出版会.

内田伸子・浜野隆（2011）,「しつけスタイルは学力基盤力の形成に影響するか――共有型しつけは子どもの語彙獲得や学ぶ意欲を育てるか」お茶の水女子大学『子ども発達教育研究センター年報』第4号27-41頁.

NPO法人芹川・子育て支援部門（2013）,『彦根妖怪図鑑』NPO法人芹川.

奥田愛子, 谷君江, 浅田昇平（2010）,「子どもの頃の遊び体験についての調査――遊び場や原体験との関わり」『びわこ学院大学研究紀要』2号（61-70頁）.

奥田援史（1997）「養育態度のタイプと幼児の自律性」『滋賀大学教育学部紀要』46号（1-7頁）.

奥田援史・嶋崎博嗣・足立正（2006）『健康保育の科学』みらい出版.

ガラヒュー（1999）『幼少年期の体育――発達的視点からのアプローチ』杉原隆監訳, 大修館書店.

川和保育園（編）, 寺田信太郎・宮原洋一（執筆）（2014）,『ふってもはれても――川和保育園・園庭での日々と113の「つぶやき」』新評論.

久保正秋（2010）,『体育・スポーツの哲学的見方』東海大学出版会.

厚生労働省（2016）,「平成28年放課後児童健全育成事業（放課後児童クラブ）の実施状況」（平成28年5月1日現在）Press Release.

国立大学法人お茶の水女子大学（2014）,「平成25年度全国学力・学習状況調査（きめ細かい調査）の結果を活用した学力に影響を与える要因分析に関する調査研究」（文部科学省委託研究）.

佐々木信一郎（2006）,『子どもの潜在能力を101%引き出すモンテッソーリ教育』（講談社＋α新書）, 講談社.

佐々木正人（1987）,『からだ――認識の原点』東京大学出版会.

仙田満（2009）,『こどものあそび環境』鹿島出版会.

仙田満（1992）,『子どもとあそび』岩波新書.

体育科学センター調整力専門委員会体育カリキュラム作成小委員会（1980）,「幼稚園における体育カリキュラム作成に関する研究（1）：カリキュラ

ムの基本的な考え方と予備調査の結果について」『体育科学』8号（150-155頁）.

東京都教育委員会（2011）「平成22年度 小1問題・中1ギャップの実態調査について」.

チクセントミハイ，M（1996），『フロー体験――喜びの現象学』今村浩明訳，世界思想社.

中央教育審議会（2016），『幼稚園，小学校，中学校，高等学校及び特別支援学校の学習指導要領等の改善及び必要な方策等について（答申）』（2016年12月21日）の補足資料.

中坪史典，他（2010），「遊びの質を高めるための保育者の援助に関する研究――幼児の「夢中度」に着目した保育カンファレンスの検討」『広島大学学部・附属学校共同研究機構研究紀要』第38号（105-110頁）.

中村和彦（2010），『運動神経がよくなる本』マキノ出版.

中村雄二郎（1996），「アラカワ＆ギンズのストラテジー――「養老天命反転地」を体験して」『現代思想』24巻10号（17-19頁）.

新美秀和（2014），「幼稚園における「河童を用いた想像遊び」の実践報告」『聖泉論叢』21号（49-63頁）.

仁科早央里（2014）「幼児期における協調運動能力と自己身体認識の関連」滋賀大学教育学研究科修士論文.

日本レクリエーション協会，子どもの体力向上ホームページ（https://www.recreation.or.jp/kodomo/, 2018.3アクセス）

野井真吾，他（2016），子どもの"からだのおかしさ"に関する保育・教育現場の実感：「こどものからだの調査（2015）」の結果を基に，日本体育大学紀要，46（1），1-9.

ベネッセ教育総合研究所（2016），「第5回幼児の生活アンケートレポート2016」.

ベネッセ教育総合研究所（2016），「園での経験と幼児の成長に関する調査」（http://berd.benesse.jp/ , 2018.1アクセス）

「保育プロセスの質」研究プロジェクト編（2010），『子どもの経験から振り返る保育プロセス――明日のより良い保育のために』（保育研修用ブックレット＋DVD），幼児教育映像製作委員会.

宮原洋一（2006），『もうひとつの学校』新評論.

宮丸凱史（2011），『子どもの運動・遊び・発達――運動のできる子どもに育

てる』学研教育みらい.

無藤隆（2013），『幼児教育のデザイン──保育の生態学』東京大学出版会.

森下正康（2003），「幼児の自己制御機能の発達研究」『和歌山大学教育学部
　　教育実践総合センター紀要』13号（47-56頁）.

森司朗，他（2012），「幼児の運動能力における時代推移と発達促進のための
　　実践的介入」『平成20~22年度文部科学省科学研究費補助金（基盤研究
　　B）研究成果報告書』，平成23年3月）.

文部科学省，「子どもの体力向上ホームページ」http://www.recreation.
　　or.jp/kodomo/index.html

文部科学省（2016），「教育課程部会幼児教育部会 資料8」.

吉田伊津美（2016），「幼児の運動発達と運動指導・運動経験との関係」（筑
　　波大学博士論文）.

［欧文］

Gallahue, David L. (1976), Motor Development and Movement for Young
　　Children, John Wiley and Sons, NY.

Gibson, J. J. (1979), The Ecological Approach to Visual Perception, New
　　York: Psychology Press.

Heckman, James J. and Tim Kautz (2013), 'Fostering and Measuring
　　Skills: Interven-tions That Improve Character and Cognition, 'NBER
　　Working Paper No.19656

http://www.nber.org/papers/w19656.

Held, R. & Hein, A. (1963), "Movement-produced stimulation in the
　　development of visually guided behavior, " in Journal of Comparative
　　and Physiological Psychology. 56(5) : 872-876.

Ikesako, Hiroko & Koji Miyamoto (2015), 'Fostering Social and Emotional
　　Skills Through Families, Schools and Communities: Summary of
　　international evidence and implication for Japan's educational prac-
　　tices and research,' OECD Education Working Papers (http://dx.doi.
　　org/10.1787/19939019). （池迫浩子，宮本晃司「家庭，学校，地域社会
　　における社会情動的スキルの育成：国際的エビデンスのまとめと日本の
　　教育実践・研究に対する示唆」ベネッセ教育総合研究所訳，ベネッセ教
　　育総合研究所，2015）.

索　引

〈あ〉

赤ちゃんポスト　　13, 14

青木淳　　67, 133

空き地　　53, 54, 62, 64, 137

アクティブ・ラーニング　　199-201

アジトスペース　　53, 62

遊び込む経験　　196, 197

遊びの中の経験　　184, 185

遊びの３つの間　　43

アナーキースペース　　62

アフォーダンス　　65-67, 118

荒川修作　　119

アレン・オブ・ハートウッド卿夫人
　　138

安心感　　112, 113, 143, 152

一斉保育　　193, 194

妹背の里冒険遊び場　　149

運動遊びの間接的なねらい　　74

運動遊びの直接的なねらい　　75

運動発達　　175

エビデンス　　186, 195

園庭保育　　78

エンドラップ廃材遊び場　　137, 138

応答的環境　　197-199

オープンスペース　　62

小澤俊夫　　170

〈か〉

カイヨワ，ロジェ　　143

学習活動　　70, 71

学習過程　　70, 71, 199

学童保育　　10, 15-18, 167

からだを動かす遊び　　51, 70-72

ガラヒュー　　72

カロム　　158-163, 165, 166

川和保育園　　78, 79, 85, 89, 203

ギブソン　　65

基本的運動　　73, 108

ギンズ，マドリン　　119

原体験　　46, 48-50

コーディネーション能力　　36, 37

心のテーマパーク　　120, 129

コスモロジー　　174

子育て支援　　2, 10, 18, 19, 167

子どものからだ調査　　29, 30, 31

子どもの体力　　31-33

子どもの貧困　　14, 15

子ども用ハーネス　　11, 12, 14

〈さ〉

三世代遊び場マップ　　54-57

自己像　　34, 35, 181

自己抑制　　37, 39, 41

自然遊び　　101, 104, 142

自然スペース　　62

失敗体験　177

自発的な遊び　99, 193, 195, 197

社会情動的スキル　188, 189

じゃぶじゃぶ池　78-80

じゃれつき遊び　39

ジャングルジム　64, 78, 80, 85, 86,
　　87, 91, 130-132

自由保育　193, 194

小1の壁　15, 17, 18

小1プロブレム　39, 40

シングルマザー　13

身体的不器用さ　34-37, 195

ストライダー　91, 94, 95

スモーランド　82, 83

スラックライン　149-152

成功体験　176, 177, 195

絶対音感　20, 26, 27

ゼロ体験　49, 50

早期教育　20, 22, 23, 25-27

想像遊び　167, 168

ソーレンセン　137

〈た〉

待機児童　2, 3, 5-8, 17

待機児童問題　2, 3, 6-8, 17

だいもれ　82, 84

焚き火　50, 150, 154, 155

チクセントミハイ　113

ちびパーク　143-145, 148

調整力　34-36

ツリーハウス　80-82, 91

〈な〉

斜め　85, 87, 121, 123-125, 129

習いごと　15, 18, 23-28, 44, 50-53

認定こども園　3-8

ノグチ，イサム　130

〈は〉

発達性協調運動障害　35

羽根木プレーパーク　19, 140

原っぱと遊園地　67

バランスロープ　150, 151

ハンモック　81, 82, 149, 153, 154

非認知能力　187-189

百玉そろばん　21, 22

FunKids　175-177, 180

不器用な子ども　29, 34

フラッシュカード　21-23

プレーパーク　19, 137, 139, 140,
　　143-145, 154

プレーリーダー　138, 140, 141, 150,
　　152, 154

フロー（状態）　113-115

ベルテルセン，ジョン　138

扁平足　30-32

保育所　2-11, 16, 17, 20, 23, 29,
　　30, 41, 50, 52, 58, 77, 78, 85, 106,
　　167, 187, 193, 195, 202, 203

放課後児童クラブ　16, 167-170, 172

冒険遊び場　19, 137-139, 141, 142,
　　145, 149, 153

冒険の森　89-92, 94, 95

〈ま〉

学びに向かう力　196, 197, 199

道スペース　53, 54, 62

水口幼稚園　89, 91, 95

むかうアクション　68

夢中度　190, 191

モエレ沼公園　130, 132

モデリング　111

森のようちえん　100, 101

モンテッソーリ教育　192

〈や〉

山の遊び舎はらぺこ　100, 105

遊具スペース　62-64, 130

"遊"の意識　143

妖怪遊び　167-169, 173

八日市冒険遊び場　137, 139, 141,
　　143, 145

幼稚園　3-7, 9, 17, 20, 21, 27, 29,
　　31, 40, 41, 46, 50, 52, 58, 59, 64,
　　77, 89, 91, 95, 105-108, 111, 167,
　　184, 187, 193-197, 200, 202, 203

幼保一元化　5

養老天命反転地　118-121, 129

ヨコミネ式　20, 23

執筆者紹介

奥 田 援 史（おくだ・えんじ）
滋賀大学教職大学院　教授
1962年，滋賀県信楽町生まれ。滋賀大学教育学部卒業。筑波大学大学院体育研究科修了。運動心理学や保育内容（健康）などの分野を中心に，双生児研究の手法を用いて，子どものからだとこころの発達について研究している。また，運動遊びやキッズサッカーの指導等の実践活動も行っている。日本こども環境学会，日本双生児研究学会，日本幼小児健康教育学会等に所属。

炭 谷 将 史（すみや・まさし）
聖泉大学人間学部　教授
1973年，東京都小平市生まれ。明治学院大学文学部心理学科卒業。滋賀大学大学院教育学研究科修了。2003年より現職。現在，園庭で遊ぶ子どもの行動観察を通じた研究を行なっている。また，一般社団法人スタジオふらっぷを主宰し，研究成果を踏まえた幼児教育のサポート事業（園庭改良プロジェクト，運動遊びプログラムの開発，子育て支援など）を行なっている。日本発達心理学会，日本こども環境学会，日本教育心理学会等に所属。

遊びの復権
子どもが育つ環境づくり

2018年6月30日　第1刷発行

著　者　奥田援史・炭谷将史

発行者　位田隆一

発行所　おうみ学術出版会
　　　　〒522-8522
　　　　滋賀県彦根市馬場一丁目1-1
　　　　滋賀大学経済学部内

発　売　サンライズ出版
　　　　〒522-0004
　　　　滋賀県彦根市鳥居本町655-1

編集協力：高村幸治

印刷・製本　渋谷文泉閣

ⓒ Enji Okuda, Masashi Sumiya 2018
Printed in Japan　ISBN978-4-88325-643-3

定価はカバーに表示しています。
無断複写・転載を禁じます。
乱丁本・落丁本は小社にてお取り替えします。

おうみ学術出版会について

おうみは、湖上、山野、いずこから眺めても、天と地と人の調和という、人類永遠の課題を意識させてやまない。おうみならではの学術の成果を、この地の大学と出版社の連携によって世におくり続けようと、平成二十七年（二〇一五）暮れ、「おうみ学術出版会」が発足した。滋賀大学、滋賀県立大学、サンライズ出版株式会社が合意し、企画、編集から広報にいたるまで、ほとんどの過程で三者が緊密に協働する方式をとる。しかも、連携の輪が他の大学や博物館にも広がりゆくことを期している。

当会が考える学術出版とは、次なる学術の発展をも支えうる書物の出版である。そのためには何よりもまず、多くの人が読める文体の書をめざしたい。もちろん、内容の水準を保ちつつ読みやすさを工夫するのは容易ではない。しかし、その条件が満たされてこそ、垣根を越えた対話が深まり、創造が生まれ、学術の積み重ねが可能となる。専門分野に閉じこもりがちな従来の学術出版とは異なり、あらたな領域を拓く若い才能も支援したい。

当会の象徴として、この地と大陸のあいだの古くからの往来に想いを馳せ、おうみの漢字表記「淡海」の頭字を選んだ。字体は、約三千年前の青銅器銘文の中から、古体をとどめる「水」「炎」の二字を集字したものである。水は琵琶湖を、横の二つの火はおうみの多彩な歴史と文化を表すと、我田引水の解釈をつけた。ちなみに、「淡」の字に付けられた古注は「無味」である。「心を無味に遊ばせよ」と荘子がうながすように、そこに何かを見いだせるのが人間の精神であろう。